写给儿童的中国传统文化微读本

邹　贺◎编著

世界图书出版公司

西安　北京　上海　广州

图书在版编目（CIP）数据

古书里的神秘宝藏 / 邹贺编著. —西安：世界图书出版西安有限公司，2017.5（2019.8 重印）
（写给儿童的中国传统文化微读本）
ISBN 978-7-5192-1716-7

I. ①古… II. ①邹… III. ①图书史—中国—儿童读物 IV. ① G256.1-49

中国版本图书馆 CIP 数据核字（2016）第 188006 号

古书里的神秘宝藏

GUSHU LI DE SHENMI BAOZANG

编　　著　邹　贺
责任编辑　高尹倩
特约编辑　张　军
装帧设计　半勺月
内页插图　胡金华
出版发行　世界图书出版西安有限公司
地　　址　西安市锦业路都市之门 C 座
邮　　编　710065
电　　话　029-87233647（市场营销部）　029-87234767（总编室）
网　　址　http://www.wpcxa.com
邮　　箱　xast@wpcxa.com
经　　销　新华书店
印　　刷　长沙鸿发印务实业有限公司
开　　本　787mm×1092mm　1/16
印　　张　10.5
字　　数　120 千字
版　　次　2017 年 5 月第 1 版　2019 年 8 月第 2 次印刷
国际书号　ISBN 978-7-5192-1716-7
定　　价　36.00 元

前言

新疆新闻出版东风工程（以下简称“东风工程”）是由国家和自治区统一规划、自治区新闻出版局具体组织实施的一项重要的德政工程和民生工程。继续实施“东风工程”，是贯彻落实习近平新时代中国特色社会主义思想和党的十九大精神，贯彻落实以习近平同志为核心的党中央治疆方略，实现新疆社会稳定和长治久安总目标的重要举措。“东风工程”的主要任务是加强出版能力建设，以各类出版物为载体，面向全疆各族群众，培育和践行社会主义核心价值观，加强理想信念教育，加强爱国主义、集体主义、社会主义教育，铸牢中华民族共同体意识，传播中国特色社会主义文化，弘扬中华优秀传统文化，普及科学知识，建设巩固基层思想文化阵地、满足各族群众精神文化生活新期待、提升科学文化素养的新闻出版公共服务体系。

免费赠阅出版物是“东风工程”的重要项目之一。项目始终坚持正确政治方向和出版导向，深刻把握守正创新的要求，在出版质量和水平上下功夫，充分尊重新疆各族人民对高质量出版物的需求，紧扣新疆农牧区及城市社区实际，用维吾尔、汉、哈萨克、蒙古、柯尔克孜、锡伯六种语言文字，组织出版并向基层赠送政经、科技、生活、文化、少儿及其他等六大类别出版物。在内容上，以推动全面建成小康社会、保障各族群众的基本文化权益为主线，建设团结和谐、繁荣富裕、文明进步、安居乐业的中国特色社会主义新疆为目标，以“贴近实际、贴近生活、贴近群众”为宗旨，以各族群众看得懂、学得会、用得上为原则，力求通俗易懂，图文声画并茂，突出科学性、实用性、知识性和趣味性，努力用新技术、新理念、新知识启迪和拓展各族群众的新思想、新境界、新视野，让新疆各族群众真正共享新时代中国特色社会主义文化发展的新成果。

我们期望通过“东风工程”出版物免费赠阅项目的实施，不断扩大各类赠阅出版物的覆盖面和影响力，更好地满足各族群众日益增长的美好生活需要，为推动新疆社会稳定和长治久安提供精神动力和智力支持。

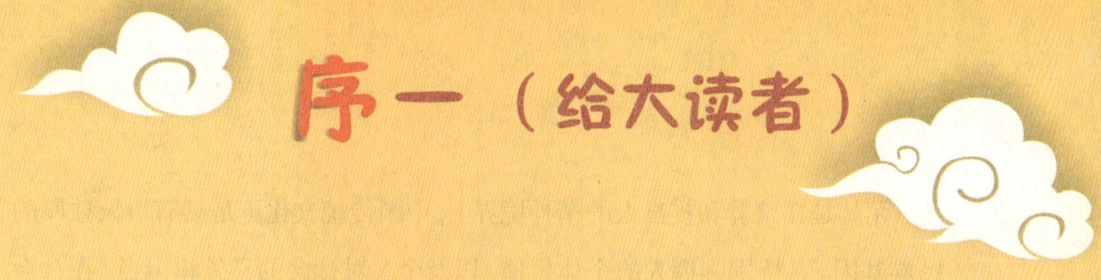

序一（给大读者）

中华民族的“根”和“魂”

●杨恩成（陕西师范大学文学院教授、博士生导师，曾多年担任校图书馆馆长）

在以少年儿童为读者对象的文化读物中，这套《写给儿童的中国传统文化微读本》是以“微读本”的形式向少年儿童介绍中国传统文化的。编写者们的出发点是让孩子们通过阅读，对于我国传统文化常识有一个基本了解，进而拓宽他们的视野，激发孩子们自主性探索的兴趣，培养他们的爱国热情和民族自豪感。因而在众多的文化出版物中，独具一格。

习近平总书记把中华传统文化形象地比喻为中华民族的“根”和“魂”。因为中华传统文化是在中华民族几千年的历史发展中形成的。它反映了中华民族的精神活动和精神追求，代表了中华民族道德与审美的最高境界。中华民族正是靠着这“根”和“魂”的维系，才能够在数千年的历史长河中生生不息，不断发展，成为今天屹立于世界民族之林的伟大民族。这在世界文化史和民族史上是绝无仅有的。

中华传统文化之所以具有如此大的魅力，其原因就在于其具有开放性与融合性，具有无可比拟的包容性与和谐性，具有强大的民族感召力、凝聚力和向心力。其文化价值是世界上其他文化所无法企及的。正因为如此，它为中华民族数千年的发展提供了取之不竭的精神原动力。

尤其是在培养和提高人的精神境界上，中国传统文化更是具有得天独厚的民族基因。它特别强调人的个体价值，以及个人对社会的义务和担当。在社会规范上，中国传统文化强调的礼义廉耻，就是要人们注重社会秩序和社会正义，注重节俭和廉洁自律。总之，一句话，注重人的自我修养之完善与提高。这和我们今天提倡的社会主义核心价值观有着明显的传承关系。

人们常常用“博大精深”来形容中国传统文化。所谓“博大”，就是指它涵盖的文化层面非常广泛、构成的文化体系非常庞大；所谓“精深”，就是指其文化内涵极其丰富。它不仅涵盖了中华民族全部的精神活动与道德追求，而且具有强大的生命力。直到今天，它依然是涵养社会主义核心价值观的重要源泉，是我们实现中华民族伟大复兴的历史进程中不可或缺的精神食粮。

要把这样一种文化层面非常广泛、文化体系非常庞大、文化内涵又极其丰富的中华传统文化以少年儿童喜闻乐见的形式完全呈现，则不是一件容易的事情。然而，这套丛书的编写者们却化繁为简，用通俗易懂的叙事性语言和图文并茂的形式展示了中国传统文化的人文魅力。全套书共分为十二册，分别从古代民间工艺、古代图书、古代建筑、古代体育、古代绘画、古代饮食、古代服饰、古代兵器、古代科技、神话传说，以及图腾文化和汉字历史等方面，展示中国传统文化的精髓和魅力。

少年儿童是中华民族的未来和希望，而这套丛书作为文化启蒙读物，对于正在成长的少年儿童来说，也是十分必要的。广大少年儿童通过阅读这套丛书，既可以较全面地学习中国传统文化的基本知识，了解和掌握中华民族的精神根脉，同时可以培养自己高尚的品格、提高自己的文化素养。这对少年儿童的成长是大有裨益的。

杨恩成　　2016 年 12 月

序二（给小读者）

我变成了小学生……

●安鹏辉（笔名“小酷哥哥”，著名儿童阅读推广人，儿童文学作家，资深编辑）

如果你在马路边捡到一本魔法书，它可以帮你实现你的任何愿望，那你最大的愿望是什么呢？我扳着脚指头都可以猜出来，你的回答是：“玩。”有同学立马举手抗议：“不对，我最大的愿望是睡懒觉。”好吧，每个人的愿望都不一样。如果换作是我，我最大的愿望是：回到童年，再做一次小学生！

如果我变成了小学生，我一定要多读书，养成良好的阅读习惯。你的脑袋上肯定会冒出一个大大的问号：“读书有那么重要吗？”读书当然重要。我之前遇到一个公交车司机，他就对我抱怨说：“都怪小时候没有好好读书，现在好后悔，除了开车，啥都干不了。如果回到小学，一定要好好读书，实现我当 IT 工程师的梦想……”喏，如果小时候不好好读书，以后，你也会有这样的后悔呢。（需要说明的是，不是说公交司机不好，而是说他真的因为没实现梦想而后悔。）

我们每天要吃饭，吃饭可以让我们长个子；读书呢，可以让我们增智慧。一个读过一千本书的人，肯定比只读过一本书的人视野更开阔，更富有见识，阅读理解能力更强。

或许你会说，我每天读书呀，比如语文书、数学书、英语书，我都每天都在看。

哎呀，我这里说的读书，指的是读课外书。我们当然也要好好学习语文书、数学书、英语书等，上课专心听讲，下课认真完成作业。做完作业，我就可以看课外书了。家里的书读完了，我就向朋友借；把朋友的书看完了，我就去图书馆借；图书馆里如果没有我喜欢的书，嘻嘻，我就可以用我积攒起来的零花钱去书店买书。

我们作为中国人，就要传承我们祖国的优秀传统文化。我变成了一名小学生，那我就需要找一本适合小学生阅读的传统文化书籍，这本书必须有趣、好玩，不枯燥，不晦涩，既能丰富我的知识，又能开阔我的眼界。不过，书店里的书好多好多，就像树上的叶子那么多，就像大海里的浪花那么多，就像脑袋上的头发那么多。我该挑选哪一本呢？

书架上有一本厚厚的《史记》，旁边还有一本《资治通鉴》，咦，这两本书是谁写的？什么时候写的？关于两本书的故事，又有哪些？我一点儿也不清楚。我去查阅资料，但是发现相关的资料大多太晦涩，我认识字，字不认识我。

我去过北京，游过故宫，登过长城。可是，长城是如何建成的？它是用来干什么的？故宫如何修建？如何看故宫全景图？我不清楚。除了长城和故宫，我对拙政园、黄鹤楼、蓬莱阁、莫高窟等历史也知之甚少。

我的书桌上有一把折扇，咦，折扇是从哪里起源的？扇子下压着一张剪纸，剪纸怎么来的？它有什么用处？中国的文房四宝是哪四宝？为什么不是别的宝？我的脑袋跟你一样冒出了一个又一个问号！

我的天啊，读书少，不可怕；可怕的是，明知道读书少，还不加紧时间多读书！除了古代绘画、古代建筑、古代民间工艺，我对古代服饰、古代体育、古代科技、古代兵器，以及神话传说、图腾文化、汉字历史又有多少了解呢？不了解的话，那就多读书嘛！可是我在书店找来找去，怎么就没有发现一套既适合小学生阅读又涵盖广泛的传统文化丛书呢？不，稍等，我好像找到了一套丛书——《写给儿童的中国传统文化微读本》。苍天呀，大地呀，这套丛书几乎涵盖了传统文化的各个方面，最重要的是，它以有趣、好玩的故事形式把传统文化的知识娓娓道来。有这套书在身边，我就可以在轻松、快乐的氛围中学到知识了。哈哈，踏破铁鞋无觅处，得来全不费工夫。我得意地笑，我得意地跳……

小学阶段，要养成良好的阅读习惯，很关键的一点是要对书产生兴趣。其他同学此时此刻正在皱着眉头翻找各种资料，但由于某些资料文本非常枯燥的缘故，他们在逐步失去对书的热爱；而我正欢快地坐在书桌边，仔细地阅读《写给儿童的中国传统文化微读本》，一边为故事深深吸引，一边在故事中汲取我国传统的文化知识。另外，我还准备了笔记本，遇到书中的知识点或陌生的字词，我就把它们抄录在笔记本上。这样来读书，感觉好极了，效果也好极了！

2016 年 12 月

mu lu

楔子

穿越“书世界”

在这一刹那，被翻开的书页放射出万道彩光，整个屋子被光云笼罩。他们瞬间被光亮团团包围，整个身体都隐没在其中。

这是一个普通的夏日午后，和煦的阳光洒在校园的每个角落。教学楼前的垂柳在暖风吹拂下，微微摆动，几只知了懒洋洋地伏在树干上，轻轻地鸣唱，仿佛在与教室里传出的读书声，遥遥相和。

“丁零零……”骤然响起的放学铃声，打破了这一片安静与清雅。

对于上学的孩子来说，学校的铃声分成两种，一种是上课的铃声，尖利刺耳、尾音绵长；另一种是下课的铃声，轻快跳跃、短暂有力。因为在课后，他们可以尽情发挥自己活泼的天性，要想从这种状态转换为一本正经的听课状态，难度相当于一口气爬上十六层楼，那可是非常不容易。至于下课或放学，就不一样了，那相当于下楼，而且是乘电梯。只见孩子们三三两两地走出教室，有的大呼小叫地奔向操场，有的说说笑笑地走进各种活动室，每一张小脸上，都洋溢着欢快与兴奋。

人群中，艾丽丝正小跑着赶路，闪转腾挪，动作灵活。

她是五年级B班的班长，每天放学后，都要监督值日生打扫卫生。所以，她总是比其他同学晚离开教室，有时候，还会耽误课外读书小组的活动。一想到指导教师颜老师那双时而温柔时而严厉的眼睛，艾丽丝连忙加快了脚步。

一定不能迟到！艾丽丝心想。一头清爽的短发，随着她的跑动，也一上一下地跳了起来。

艾丽丝所在的课外读书小组，是一个专门阅读中国古代书籍的小组。

本来，作为一个体育全能的小“女汉子”，艾丽丝以前都会参加体育类活动小组。可是，在进入五年级后，妈妈突然决定要培养她的“淑女”气质，于是打电话给班主任，替她选定了这个读书小组。

读书小组?！而且，还是中国古书读书小组！！拜托，那可是全校最没有人气、最枯燥乏味的课外活动小组!

因为，这个小组原本只有一个成员!

这个人就是全校最不爱说话、最傲娇、最冷淡，同时也是成绩最好的“冰山男”——五年级B班高兴同学。

高兴这个人，里里外外冷冰冰，人送绰号“万年电冰箱”。其实，高兴与艾丽丝已经同班三年了，不过，在艾丽丝的记忆里，从来没见到他与别的同学主动说话。现在竟然要与这个家伙同在一个活动小组，艾丽丝一想起来，就禁不住打冷战。

哦，说只有一个成员也不对。在艾丽丝糊里糊涂地被妈妈推进这个小组后，读书小组又迎来一位同学，他也是五年级学生，不过来自A班，叫胡闹闹。

胡闹闹跟艾丽丝完全相反，他是完全没有运动神经，擅长的

运动只有一项：弄伤自己。踢足球，崴了脚；打羽毛球，抻了腰；打篮球，扭了手腕……所以，胡闹闹进读书小组的理由非常简单——参加最安全、最舒适的读书小组，坐着一动不动，没有任何风险。

正在胡思乱想，艾丽丝一抬头，已经到了图书阅览室。

门半敞着，艾丽丝一侧身，轻手轻脚地进了屋，只见静悄悄的房间里，整齐地摆放着十几排高大的书架。书架前，是四张长方形的书桌。一个男孩子背对着门口，一动不动地坐在书桌前，似乎正散发着冰一般的寒气。这个人当然就是高兴。

艾丽丝在心里暗自庆幸颜老师还没来，长舒一口气，几步奔到桌前，摊开书。她的动作有些急，书本磕到桌面，发出一声闷响。

高兴头也不抬，只抬起眼皮扫了艾丽丝一眼，没有说话。

艾丽丝也不说话，高举双手，笑眯眯地朝着高兴做出投降的姿势，表示歉意。她此刻心情不坏，乐得与高兴开个玩笑。

高兴没有任何反应，随即收回目光，继续低头读自己的书。

艾丽丝见怪不怪，左手支起下巴，东张西望，打量书架上的书。

不一会儿，阅览室的门被推开了，颜如玉老师慢悠悠地踱了进来。

颜老师年纪不到三十岁，人虽然年轻、漂亮，动作、语调却总是慢条斯理，好像是上了年纪的老奶奶。不过，她那一对细长的眼睛，却是晶亮，仿佛会说话。艾丽丝天不怕、地不怕，就怕这样的眼神——颜老师生气时，和老妈像极了。

“老师好！”艾丽丝和高兴忙起立鞠躬问候。

颜老师侧头微笑，示意两人坐下，不紧不慢地说：“看来胡闹闹又迟……”

话没说完，门口突然传来一阵急促的喊声："我、我来了。颜老师好……哎哟！"

只听扑通一声，一个男孩慌里慌张地跌坐在教室门口。

艾丽丝、高兴吓了一跳，同时望向门口。颜老师转身弯腰扶起男孩——来者正是胡闹闹。

"颜、颜老师，水盆掉了，我……"胡闹闹一边爬起来，一边没头没脑地说着。

颜老师露出不解的表情。

"颜老师，我推测胡闹闹想说的是：今天他做值日生，负责拖地，但是因为其他同学的水盆掉到地上，把地面弄脏了，他必须清理干净，所以就迟到了。"高兴突然开口说道。

胡闹闹、艾丽丝、颜老师三个人同时把目光投向高兴——他能从胡闹闹的只言片语还原出事情原委，真是推理能力超凡。胡闹闹出于感激，不停地点头；颜老师表示听懂了，点了点头；艾丽丝则满脸惊讶，她凑近高兴，笑着说："我说'冰箱'，原来你除了在课堂回答老师提问之外，也会说话啊。"

高兴白了她一眼，嘴里嘀咕了一句："我只是想节约时间，快点开始读书小组的活动。"

"好了，同学们都到齐了。我们就开始今天主题讨论吧。"

颜老师让胡闹闹快坐下，同时宣布读书活动正式开始。

“咱们先来复习一下以前讲过的内容吧。艾丽丝，你能说说中国古籍分成哪些种类吗？”

“分四类，一般叫‘四部’，分别是‘经部’‘史部’‘子部’和‘集部’。”艾丽丝胸有成竹地说。“‘经部’指的是‘儒家经典’书籍；‘史部’指的是历史、地理等方面著作；‘子部’指的是中国古代哲学、宗教、医药、科技、小说等方面书籍；‘集部’指的是中国古代诗人、文学家的作品。”

颜老师对艾丽丝的积极踊跃很赞赏：“好！说得差不多，那‘什么是儒家’？……胡闹闹同学？”

胡闹闹挠挠头，看看高兴，又瞅瞅艾丽丝，吞吞吐吐地说：“儒家嘛……好像是‘孔子’和‘孔丘’两个人弄出来的学问……”

“什么？孔子和孔丘两个人？”艾丽丝有点懵。

“无知……”高兴一脸鄙夷。

颜老师愣了愣，本想对胡闹闹说些什么，转而微笑着说：“我们先来看看这个。”

接着，她拿出一本厚厚的大书，放在桌上。说：“清朝乾隆皇帝在位时，命人把当时中国各种书籍收集在一起，编成了一部《四库全书》，意思就是经、史、子、集四部古籍都在一起了。这部书的目录，就是这一本，叫作……”

“我想起来了！”胡闹闹突然大叫，“是孔丘创立了儒家学说，别人尊敬他，称他为孔子！”

·知 识 锦 囊·

春秋末期，鲁国的孔子创立儒家学说，主张对父母孝、对他人仁、对君主忠。儒家是春秋战国时期“诸子百家”之一。在西汉中期，儒家学说被树立为维护皇权专制的国家思想，从此成为中国古代两千多年时间里的正统思想，影响巨大。

颜老师被胡闹闹的喊声打断了，她略带嗔怒的目光扫过胡闹闹。“嗯，孔子的名字是孔丘。虽然你打断了老师的话，但是看在你回答正确的份儿上……”

“颜老师！”

不知什么时候，门外已经站着一位老师。颜老师回头看见，起身迎出门外，与那人说话去了。

三个孩子坐在书桌前面面相觑，艾丽丝瞧着胡闹闹，忍不住埋怨：“亏你想得出，能把孔子和孔丘说成两个人，惹颜老师生气。”

胡闹闹满不在乎地摆摆手，说：“那么多名字，多难记啊。颜老师才不会生气——谁像你那么急脾气。”

艾丽丝一瞪眼，叫起来：“你……”

胡闹闹故作夸张地一耸肩，说：“看看，又生气了吧？还不承认……”

两个人正在斗嘴，颜老师转身回来了，她说：“各位同学，老师临时要开会，大概二十分钟后回来，你们自己先读书。”说完，把刚才那本厚书抱起来，搁回书架，又嘱咐一句：“这本书你们先不要看。一会儿我回来了，咱们再继续。”说完匆匆离开了。

胡闹闹一声欢呼：“休息！”起身就要出门。

艾丽丝低头看书，以命令的口吻说：“颜老师没说休息，不准离开阅览室。”

胡闹闹偷偷做个鬼脸，悻悻地说：“我又没说走，就去看看书架上的书嘛。”

艾丽丝还想说什么，却被高兴打断了："你们做什么都行，别说话就是，否则我要向颜老师报告你们不好好读书。"

胡闹闹一缩脖子，悄悄钻进书架间去了。

艾丽丝不服气地冲着高兴吐了吐舌头，心里嘟囔："这也告老师、那也告老师，是不是男生啊？小气。"

屋子里又恢复了安静。过了好一会儿，突然，胡闹闹兴冲冲地捧着一本大书回到桌前，像发现了宝贝似的招呼艾丽丝和高兴，说："喂，这是刚才颜老师拿的那本书，我记得封面的颜色，就是这本。"

艾丽丝抬眼看看他，又看看书，加重了语气："颜老师说过，这本书不能看。"

胡闹闹说："这么重一本书，颜老师搬来搬去多麻烦，我帮她先拿过来，又没什么不好。再说，这是什么书，她还没来得及讲，我们更应该先预习。喏，这几个字你们认识吗？"

艾丽丝的目光转向封面，只见上面写着"四庫全書總目提要"八个大字。

"四……全……目……提要，这些字的笔画好多啊……"艾丽丝自言自语道。

听到艾丽丝这么说，高兴也好奇地凑了过来。不过，他看过之后也皱起了眉头，显然，这几个字也难倒了他。

胡闹闹此时非常得意，因为他终于难倒了两位学霸。"到底是什么书啊？要不，咱们先看看？"还没等其他人答应，胡闹闹就一把翻开了这本大书。

这时，颜老师正好回到阅览室，一进门，就看见胡闹闹手中的那本书。颜老师大惊失色，急忙喊道："别，胡闹闹，别动那本书，我还没有……"

在这一刹那，被翻开的书页放射出万道彩光，整个屋子被光晕笼罩。他们

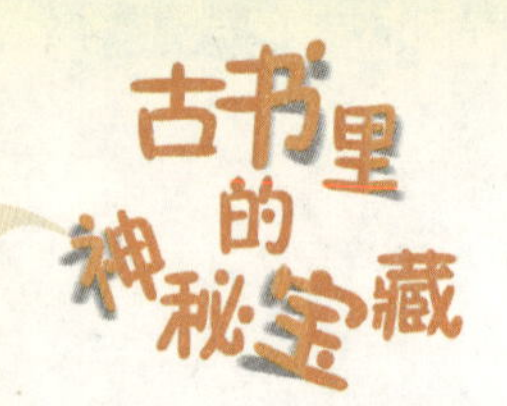

瞬间被光亮团团包围，整个身体都隐没在其中。

艾丽丝被这突然的光刺得闭上了眼睛。惶恐中，她伸出手，想抓住身前的书桌，却扑了空。她感到身体似乎在飞速地向前移动，阵阵风声呼啸着划过耳边。

怎么回事?！她的心脏怦怦乱跳。当她再次睁开眼时，她发现自己竟然站在一座宫殿前。黄色的琉璃瓦，白色的窗户，红色的宫门，彩画的斗拱，高高的白玉台阶铺展在眼前。开阔的石砖广场上，空无一人。

“颜老师？胡闹闹？高兴？你们都在哪里啊？学校怎么也不见了？我……我到底在哪里？”艾丽丝的眼泪在眼眶里打转。

第一章

跟着孔子唱《诗经》

艾丽丝只觉眼前一片漆黑，一个高大的身影把天空都挡住了。正是屋里抚琴唱歌的老人，此刻正站在她身后，居高临下地看着她。

定了定神，稳了稳心，艾丽丝迈步上了台阶。隐约听到屋子里传出悠扬的音乐声，她踮着脚朝屋里望，只见一个老人，背对着房门跪坐着，仿佛带着一种无声的庄重威严，正在双手抚琴。

这个老人肩膀宽宽的、腰背直直的，背影雄阔伟岸。艾丽丝心想：这人站起来得多高啊。

艾丽丝正在胡思乱想，却听老人随着琴声，唱起了歌：

蒹葭苍苍，白露为霜。

所谓伊人，在水一方。

溯洄从之，道阻且长。

溯游从之，宛在水中央。

老人的声音高亢响亮，苍劲有力，如巨龙长吟，辽阔浑厚。

艾丽丝实在没想到他会突然高声放歌，被吓了一跳，头一低，砰的一声，正撞到了窗棂上。艾丽丝满脸狼狈，拔腿就跑。

可是她还没跑出两步远，只听后面门呼地被推开，传出一声："何人在此喧哗？不要走！"

艾丽丝心猛地一跳，脚步大乱，扑通跌倒在地。一瞬间，又是慌乱、又是害怕、又是疼痛，诸多情感涌上心头。不过艾丽丝可是个坚强的孩子，虽然眼角含着泪，也还是回头望去。

艾丽丝只觉眼前一片漆黑，一个高大的身影把天空都挡住了，正是屋里抚琴唱歌的老人，此刻正站在她身后，居高临下地看着她。

艾丽丝瞪大了眼睛、张大了嘴，惊得半天说不出话来。

老人却躬下身来，满脸笑容地问："这位小友，因何这般惊惧失措啊？"

艾丽丝想不到这样一个高大威猛的人，说起话来却咬文嚼字，显得不伦不类，忍不住扑哧一声笑了起来。

老人看她又是哭又是笑，一时不解，呆呆地看着她，忽然也拍手笑了起来："哈哈，想来是这位小友听了老夫吟唱的《蒹葭》，心生触动了吧？知音难寻，妙极！幸甚！"

艾丽丝见他满脸真诚，就放下了心里的恐惧，一骨碌爬了起来，边揉着膝盖，边问："您刚才唱的歌曲叫《蒹葭》？"

老人见她没有摔伤，也放心地缓缓站直身子，认真地回答说："那不是'歌曲'，是'诗'，是《诗经·国风·秦风》中的一首……小友，你知道《诗经》吗？"

"《诗经》？"艾丽丝记起颜老师介绍过这部书，"《诗经》是中国第一部诗歌总集，收录的是从西周初年到春秋中叶时期创作的诗歌305篇，所以也叫《诗三百》。哦，对了，是孔丘——我们都叫他孔子——编纂的。"

老人眼光一亮，抿嘴微笑，说："不错，你还听说过孔丘。"

"不过，"艾丽丝问："老爷爷，您刚说的'国风''秦风'是什么？"

老人依旧微笑，不疾不徐地说："《诗经》中的诗，分风、雅、颂三种，其中风，有十五国风；雅有大雅、小雅；颂有周颂、鲁颂、商颂。你看，秦风就是十五国风之一，秦国的‘风’诗……说起秦国啊，那可是不得了……”

“我知道！我知道！”艾丽丝抢着说，“秦国是春秋战国时代的诸侯国，中心地区在陕西省中部。老爷爷，我就是陕西人啊，所以我也是秦国人！”艾丽丝越说越兴奋，深深地为自己家乡的历史而自豪。这时，她突然想起了一个问题：“那‘风’诗和‘雅’诗，还有‘颂’诗之间，又有什么区别呢？”

老人虽然被艾丽丝的一番话搞懵了，但依然谈性大起，情不自禁地一边解答、一边用双手比画着，好像要画出一幅图画演示给艾丽丝看：“《诗经》中的诗以四字句为基础写成，都是配有乐曲，能够演奏、吟唱的。有的诗是诸侯贵族们用来在宗庙祭祀场合演奏的，更多的诗，还是在民间传唱，然后被贵族们改造，在宴会、礼乐活动中演奏。你看啊，国风有一百六十首、雅有一百〇五首、颂有四十首。为什么分成风、雅、颂三种呢？这就是因为演奏的乐器和音调不同，比如歌唱‘雅’诗就用雅琴、歌唱‘颂’诗就用颂琴。就像我刚才那样，边弹琴边歌唱。”

艾丽丝瞪大了眼睛，由衷地感叹道：“有这么多讲究啊，您刚才唱的那首《蒹葭》是什么意思？我其实没太听懂。”

老人哈哈大笑，说：“来，我再给你弹唱一遍。”转身走回屋里。

艾丽丝兴趣陡升，一蹦一跳地跟着跟老人进了屋子。这间屋子其实不大，地上铺着竹席，席上摆着一幅古琴。阳光透过木窗，柔和地铺洒在屋内各个角落，时间仿佛在这里静止。艾丽丝深吸一口气，这里静谧的氛围，瞬间使她卸下心防，思绪平静。

老人郑重地跪坐在古琴前，双手缓缓地抚动琴弦。悠远绵久的琴音再次响起，如清波划过心田，不慌不忙、似有似无。伴随着琴音，老人再次也唱起了《蒹葭》：

蒹葭苍苍，白露为霜。

所谓伊人，在水一方。

溯洄从之，道阻且长。

溯游从之，宛在水中央。

蒹葭萋萋，白露未晞。

所谓伊人，在水之湄。

溯洄从之，道阻且跻。

溯游从之，宛在水中坻。

蒹葭采采，白露未已。

所谓伊人，在水之涘。

溯洄从之，道阻且右。

溯游从之，宛在水中沚。

歌声渐弱，琴音不停，几番起落，戛然而止。老人歌唱已毕，但姿势不变，还沉浸在诗歌的意境中，不能自拔。

艾丽丝也一时回不过神，半天才轻声说："这首《蒹葭》，怎么这样忧愁悲伤呢？"

老人闻言大喜，拍手称赞，说："好，小友一听，就能体味出此诗的意境。好！哈哈哈！"

艾丽丝听了反倒不好意思起来，小声地说："我其实还是不大懂词句的意思。"

老人顿时来了兴趣，认真地给艾丽丝解释："这首诗写的是，在一个深秋的清晨，微风送来阵阵凉意，茫茫的秋水上，泛起浸透肌肤的寒意。在这苍凉渺茫的时刻，有人来到蒹苍露白的河畔，他时而静立，时而徘徊，时而翘首眺望，时而蹙眉沉思。他这样焦躁难耐、心绪不宁，是因为正在等待、寻找想念之人。这就叫早暮思念，偏偏咫尺天涯，可望而不可即。"

顿了顿，老人接着说："'蒹葭苍苍，白露为霜'的意思是，河边的黑色芦苇，挂着晶莹透亮的露水珠，罩上了白色的浓霜。在这个清晨，一个人——也就是诗作者本人——来到了这里。"

艾丽丝说："'所谓伊人，在水一方'的意思我懂，'伊人'就是那个与诗人关系亲密，为诗人所崇敬、热爱、不能忘记的人。但是现在'伊人'却'在水一方'，在漫漫大河的另一方。"

老人点点头，接着说："诗人知道这个人现在身在何处，下定了决心去追寻，但是却被这条河水隔绝，不能相见。'溯洄从之，道阻且长。溯游从之，宛在水中央。'是说诗人沿着河边小道，向上游走去，道路艰险又漫长，即便是花费了很长的时间，恐怕最终也难到达彼岸。可叹眼前这条河水，尽管对岸相距

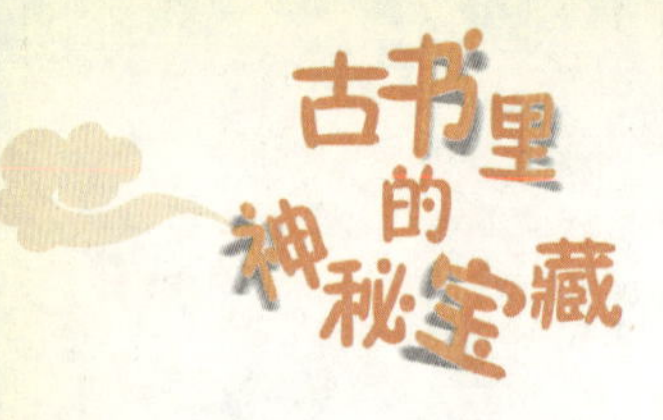

不远，但秋水茫茫，无法泅渡，思之可及，行之不易。诗人怅然立于河边，恍惚迷离的心神，已经飞动起来，他仿佛看到了伊人的身影，正在水中央晃动。”

艾丽丝问老人：“想念一个人，却偏偏看不到。这首诗写的是这种想念的心情吧？”

“不错，”老人回答，“后面的第二、第三章内容与第一章基本相同，只是对应地撤换了几个词汇。你如果把这首诗前后三章所用的几组变换的词语，联系起来品味，更能体会到这首诗独具的隽永、淳厚意味。

“第一章的‘苍苍’，第二章的‘凄凄’，第三章的‘采采’，写出芦苇的颜色由苍青至凄青到泛白，把深秋凄凉的气氛渲染得越来越浓，烘托出诗人当时所在的环境十分清冷，心境十分寂寞。白露在第一章里‘为霜’、在第二章里‘未晞’、在第三章里‘未已’，这样的变换，描绘出朝露成霜而又融为秋水的渐变情状与过程，形象地画出了时间发展的轨迹，说明诗人天刚放亮就来到河滨，直到太阳东升。”

艾丽丝仿佛身临其境：“独自一人在冰冷的野外徘徊等待，眼前只有静静流淌的河水，肯定又着急又无奈。”

老人又补充说：“描写伊人所在地点时，由于第一章‘方’、第二章‘湄’、第三章‘涘’三字的变换，就把伊人在彼岸等待诗人和诗人盼望与伊人相会的活动与心理形象而真切地描绘了出来，这样写，大大拓宽了诗的意境。

“另外，像第一章‘长’、第二章‘跻’、第三章‘右’的变换，还有第一章‘央’、第二章‘坻’、第三章‘沚’的变换，也都从不同的道路和方位上描述了诗人寻觅伊人的困难重重，想见友人心情急切的情景，栩栩如生。”

艾丽丝眨着眼睛想了想，说：“苍苇白露、秋水浓霜……想想这场景，就觉得孤单凄凉。”

听了艾丽丝的话，老人露出了满意的微笑，说：“说得好。《诗经》中的诗，有三种写作手法，分别叫赋、比、兴。赋是直接写某事，先如何、又怎样，平铺直叙。比是将某物比作某物，言此及彼。兴最为隐晦，是先写一物，由此引起真正要所写之事。”

“这首《蒹葭》的每章开头都采用了‘赋’中见‘兴’的笔法。通过对眼前真景的描写与赞叹，绘画出一个空灵缥缈的意境，笼罩全篇。诗人抓住秋色独有的特征，不惜用浓墨重彩反复描绘深秋空寂悲凉的氛围，以抒写诗人怅然若失而又热烈企慕友人的心境。”

艾丽丝聚精会神地听完，皱起眉头，叹了一口气。

老人见她情绪低落，赶紧安慰道：“那我还是来唱一首《硕鼠》吧，这首最是痛快。”

硕鼠硕鼠，无食我黍！
三岁贯女，莫我肯顾。
逝将去女，适彼乐土。
乐土乐土，爰得我所？
硕鼠硕鼠，无食我麦！
三岁贯女，莫我肯德。
逝将去女，适彼乐国。
乐国乐国，爰得我直？
硕鼠硕鼠，无食我苗！
三岁贯女，莫我肯劳。

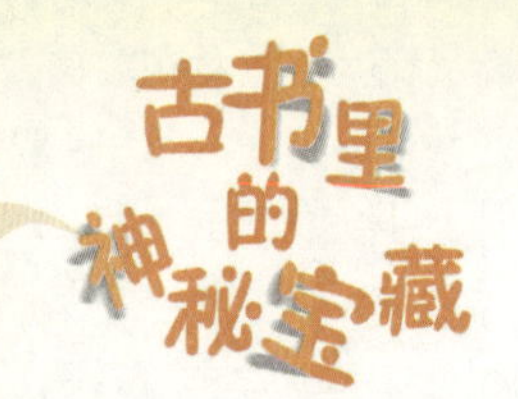

逝将去女，适彼乐郊。

乐郊乐郊，谁之永号？

一唱完，老人就从书桌上抽出一本书，交给艾丽丝，又在上边写写画画、指指点点，教了大半天。最后艾丽丝点点头。老人又坐回古琴前，再次弹奏起《硕鼠》。艾丽丝伴着音乐，看着书，自己唱了起来：

大老鼠、大老鼠，别吃我的黍！

多年伺候你，却不顾及我。

必须离开你，去那片乐土。

乐土、乐土，是我的归宿！

大老鼠、大老鼠，别吃我的麦！

多年伺候你，却不感念我。

必须离开你，去那个乐国。

乐国、乐国，实现我价值！

大老鼠、大老鼠，别吃我的苗！

多年伺候你，却不慰劳我！

必须离开你，去那处乐郊。

乐郊、乐郊，看谁长悲叹！

一老一少刚刚演奏完，先是痛恨，接着便忍不住大笑起来，这首《硕鼠》跌宕跳跃的词曲，让人的心情也得到了释放。

这时候，艾丽丝忽然想起了什么，一拍脑袋，叫了起来："哎呀，差点忘了。老爷爷，我得赶紧走了，我和我的老师、同学走散了，我得去找他们了。"说完起身就要出门。没走两步，又怯怯地踱了回来，低声问："老爷爷，这到底是哪里啊？我该怎么去找他们啊？"语调中满含着无助。

老人一边安慰艾丽丝，一边仔仔细细地打量她半晌，不答反问："小友，你是怎么来到这里的？你还记得吗？"

艾丽丝说了自己的名字，将刚才在阅览室的情景一五一十地说给老人听。老人的眼神很明亮，表情严肃。等艾丽丝说完了，老人长叹一声，背着双手，跨步来到屋外。艾丽丝跟在他背后，不知发生了什么，隐约感到一丝忐忑不安。

老人沉默了一会儿，抬手指着四周，一字一句地告诉艾丽丝："艾丽丝小友，这里是'书世界'，你们的颜如玉老师，是'书世界'与你们的世界之间的使者，那本《四库全书总目提要》，就是她开启两个世界通道的媒介。看来是她的疏忽，被你们三个人错误地开启了通道，才会来到这里。"

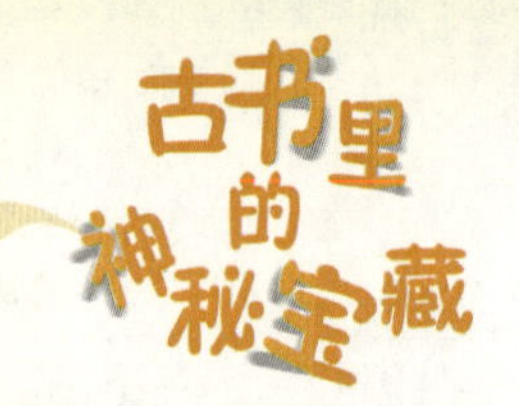

“啊！”艾丽丝惊讶得说不出话，看着老人认真的表情，意识到事态的严重。她感觉喉咙里堵住了什么，心跳加快了许多，说话也语无伦次起来：“那、那我们，还能回去吗？能吗？一定有方法吧？老爷爷……”说到最后，已经带着哭声了。

老人转头，愁眉苦脸地看着艾丽丝说：“没有‘方法’……”

艾丽丝感觉瞬间从头凉到脚，强忍着的泪水，在眼角晃来晃去。这时老人突然开口接着说：“没有‘方法’，但是有‘办法’。”

艾丽丝被老人突然扭转的话锋呛得不住地咳嗽，一脸嗔怒地瞅着老人。

老人眯着眼睛看艾丽丝，嘴角挂着慈祥的笑，慢慢地说：“在‘书世界’，不同时代的学者都能在一起畅谈学问。你们在原来的世界里，靠阳光、水、空气生活，但‘书世界’是靠书中的知识运转，所以你必须掌握‘书世界’里足够多的知识，才能再次开启回到原来世界的通道……”

老人话还没说完，艾丽丝急忙扯住老人的衣袖，央求说：“老爷爷，快点教我！快！”

老人咳了两声，继续说：“书世界分为经部、史部、子部和集部四个书城，你现在所在位置就是经部书城，在每个书城，你至少需要掌握三部古书的知识。喏，刚才我给你讲了《诗经》，你至少还需要再学习两部。”

艾丽丝歪头想了想，说：“就是说，如果我现在去找高兴、胡闹闹，但是没有十二部古书的知识，也不可能开启通道。”

“对。”老人不紧不慢地整理刚才被艾丽丝扯乱的衣服，一丝不苟地理了理头发。

艾丽丝撅着嘴、背着手，站在一边看着这个怪老头，忍不住问：“那，老

爷爷，您能再教我几部古书的知识吗？”

“我不能……”老人毫不犹豫地回答。

“老爷爷再见。”艾丽丝转身就走。

老人忙喊：“……就没人能教啦！”

艾丽丝回头对着老人吐了吐舌头，做个鬼脸，此时她已经摸清了这个怪老头的脾气，再不会上他的当了。

老人看看屋外的青石广场，说：“好吧，咱们找一处宽敞的地方，我接着给你讲《春秋》。”

艾丽丝与老人一前一后，走下台阶。艾丽丝问：“老爷爷，请问您尊姓大名啊？”

老人一仰脖，说：“我叫孔丘。”

“啊？！”艾丽丝万万没想到，眼前这个怪老头竟然就是孔子！

·知 识 锦 囊·

孔丘，字仲尼，生于公元前441年，卒于公元前479年。他推崇西周政治家周公旦的礼乐思想，曾受教于老子，后来周游列国十四年，晚年返回鲁国修订“六经”：《诗》《书》《礼》《乐》《易》《春秋》。孔子是中国古代著名的教育家，据说有弟子三千，贤者七十二。在他去世后，其门人把他的言行整理为《论语》一书。

第二章

“《春秋》笔法”的力量

艾丽丝瞧着孔丘，喃喃地说：“中国古书的知识，真是玄之又玄，怎么学也学不尽啊。”

艾丽丝使劲儿摇头，说："不可能，我在国学书上看过孔子的画像，您跟他一点都不像。"

"哦？你的课本上把我画成什么样？"自称孔丘的怪老头饶有兴趣地问。

"您……不是您，我是说孔子他老人家长着一张这么大、这么大的脸，"艾丽丝张开胳膊在空中画了个大圈，逗得孔子哈哈大笑。"他的门牙这么宽、嘴唇这么厚、耳朵这么大，对了，胡子、眉毛这么、这么长。再看您，根本没有眉毛、胡子。"

孔丘站定身子，回头看着艾丽丝，若有所思地摸摸自己的下巴，他果然没有眉毛和胡须。

·知 识 锦 囊·

据《孔丛子》记载，孔子的孙子孔伋在面见齐国国君时，曾经说过："吾先君生无须眉，而天下王侯不以此损其敬。"意思是我的爷爷生来没有胡须、眉毛。虽然孔子有无须眉还存在争议，但是很多学者赞同孔子"生无须眉"之说。

不过孔丘一点也不着急，只是淡淡地说："虽然我没有胡须、眉毛，看上去有点怪……"

“不是‘有点怪’，是‘非常怪’！”艾丽丝接过话茬。

孔丘笑笑，接着说：“……可是天下的王侯将相，没有人敢因此而轻视我，这就是‘书世界’的规则：只论知识，不论外表——跟你的世界不同吧？”

他的神态如此安详自得，散发出一股从容安静的力量。艾丽丝瞪大了眼睛，一瞬间也被他的气场完全震慑住了。

艾丽丝打了个冷战，仔细看看孔丘的脸，又忍不住嘟囔起来：“可是您长得也太、太……不帅了……”

“是吗，哈哈……”孔丘一边笑，一边说。

这个怪老头的确与书本上的孔丘长得不一样，他个子极高，用现代米尺量的话，估计在1.9米以上，艾丽丝要仰着头才能看到他的脸。不过，虽然个子高，但是他的身材却不成比例，仔细一看，好像上半身长，下半身短。再加上他总是哈着腰与艾丽丝说话，更显得他的胳膊很长，腿却很短。这个怪老头身体虽然偏瘦，却瘦而不弱，举手投足间动作遒劲有力，一双黝黑的大手，布满老茧。不论怎么看，他都不是一个手无缚鸡之力的文弱书生，而是经历过风霜历练的“实干派”。

他长得确实不好看，额头很宽，甚至有些大，依稀可以看出头顶有凹陷，不圆滑平整。五官虽然也算端正，却总好像哪里不对劲。

艾丽丝皱着眉端详孔丘，她自忖以前还真没有见过这种长相的人，一时出了神。

孔丘是个豁达的人，他看艾丽丝打

量自己的脸，并不以为忤，又打开了话匣子，有些自鸣得意地给艾丽丝介绍起来："我这张脸可绝对称得上'世间少有'，人们专为我创了一个词，叫'谷窍'，你听说过吗？意思是说我脸上七处部位外露，所以也叫'七露'，就是'眼露白，耳露轮，口露齿，鼻露孔'。换句话说，就是说我的眼睛眼白太大，耳朵外翻，牙齿突出、鼻孔外露。我的相貌啊，就是太有特点了。"

说到这儿，孔丘摊开双手说："你看看我的手，称不上虬结有力，却也是拉过弓、驾过车，多少还算是有些本事傍身的……你明白了吧，我可不是青春偶像派……"听了这句话，艾丽丝不由得咯咯笑了起来。

两个人说着笑着，不觉来到了石板广场。孔丘示意艾丽丝站到自己对面，他仰观天空，悠然自得，流露出一派吞吐天地、参悟古今的宗师气质。

孔丘望着天，陷入了沉思，半晌才说道："艾丽丝小友，你可知老夫蹉跎一生七十又三年，最引以为傲的心法要义是什么？"

艾丽丝摇摇头，她其实也没听懂孔丘问的是什么，只是被他的气度震慑，不敢随便说话。

孔丘哈哈一笑，说："天下人褒贬我，就在这一本《春秋》了。"说着，广场上忽然幻化出一幅立体的中国地图，山川河流、沟壑平原，历历在目，艾丽丝一时看得呆住了。

孔丘指着河南安阳一带，说："商朝末年，纣王无道。周朝文、武二王相继，最终推翻商朝，建立周朝。周朝实行分封制，就是把天下土地分封给不同的诸侯治理，君主不直接统治全国。传到周幽王时，国都镐京被异族攻破，周王室实力衰落，无力控制诸侯，各地诸侯崛起，中国就进入了天下诸侯纷争的时期。"随着孔丘的话语，地图上依次闪现出商朝、周朝、殷、镐京、洛邑，以

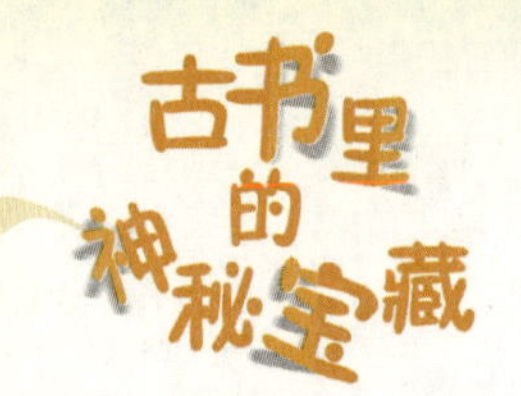

及齐国、鲁国、楚国、秦国、晋国、吴国、越国等地区和城镇。

艾丽丝看得目不转睛，忍不住问："后来呢？天下大乱吗？"

"正是，天下诸侯破坏了由周武王的弟弟周公旦创立的礼乐制度，肆意攻伐抢掠，这场动乱，一直绵延了五百年。"说完，孔丘陷入一阵沉默，时至今天，他依然在为那个时代叹息。

过了一会儿，孔丘才接着对艾丽丝说："当时各诸侯国，都有史官编撰史书，楚国的史书叫《梼杌》(táo wù)、晋国的史书叫《乘》、秦国的史书叫《秦纪》、鲁国的史书就叫《春秋》……"

"等一下，"艾丽丝听出了问题，"您刚刚说《春秋》是您自己写的，现在怎么又成了鲁国史官写的了？"

孔丘耐心地解释："从鲁隐公元年到鲁哀公十四年——哦，用你们世界的纪年方法，叫作公元前722年到公元前481年——242年的时间里，不知有多少位鲁国史官，按照年月前后顺序，一笔笔记下当时的历史事件。到我的时代，我对这部书做了最后的修改、润色。后世把我的写法，取名叫'春秋笔法'，这部书还被抬升为儒家经典著作'六经'之一，尊称为《春秋经》，甚至还用这部书的名字命名那个时代，就是'春秋时期'。"

艾丽丝想了想，说："因为您做了修改，所以您才说'天下人褒贬您，都在这一部书'？您到底怎么修改的啊，让大家对您这么有意见？"

孔丘又被艾丽丝的话逗笑了，他双手在空中一挥，手掌中立时幻化出一部《春秋》来。他翻开这部《春秋》，一边指给艾丽丝看，一边说："想想看，一个国家上上下下每天多少杂七杂八的事情，怎么可能写得清楚！我其实偷了个懒，只挑了些有意思的事写，所以我写出来的《春秋》一共才一万八千多字——

后来还失传了二千多字——字数这么少，写的还是二百多年的历史，肯定会惹人怀疑，说我写得不全。为了掩人耳目，我就拣选了一些不常用的字，把事情写得玄乎其玄，比如同样的事情用不同的词语，这么一换，看书的人就晕了，就琢磨我为什么要这么写，琢磨不明白，就开始佩服我别有深意了。”

艾丽丝听了这番话，目瞪口呆，怔怔地问：“您，是开玩笑的吧？”

孔丘一本正经地回答：“当然是在开玩笑……哈哈，言归正传。当时那些诸侯尔虞我诈，任意妄为，必须好好批评教育一下，所以就选取历史上的正面和反面案例，通过符合西周礼乐文化价值观念的语言，进行重新编写，对他们的行为，起到警示的作用。”

“我不懂！”艾丽丝已经晕头转向了，觉得还是直接表达心中所想最有效。

“这不难，我给你举个例子，”孔丘翻开《春秋》，查找起来，“说说这一段史事吧！”

郑国诸侯郑武公的妻子是中国国君的女儿，叫作武姜。武姜先后生下了两个儿子，大儿子出生时难产。本来婴儿出生，是头先出来，可是大儿子是脚先出来的，所以武姜给大儿子取名“寤生”，寤就是逆、倒的意思，指他是颠倒着生出来的。武姜受到了惊吓，就很不喜欢大儿子，而偏爱小儿子共叔段。武姜甚至好几次劝郑武公改立共叔段为继承人，不过郑武公没有答应——按照西周的制度，这叫“嫡长子继承制”，小儿子不能继承国君的位子。

等到寤生即位以后，武姜就亲自出面向他提要求：把制邑分封给共叔段——这就是西周的“采邑制度”，诸侯的大臣，能够分配到诸侯国的某块土地，按照当时的地名，一般叫“邑”——制邑是军事要塞，驻扎的军队、储备的钱粮都较多，武姜这是在替共叔段谋划，积攒实力。郑庄公寤生回答母

亲武姜说："制邑地处险要，经常跟别国有军事冲突，从前虢叔就死在那里，把弟弟封到那里，多危险啊，还是封个其他城邑吧，随便哪里，我都答应。"武姜于是就挑了个人口车马众多、地理位置优越、经济物产繁荣的好地方：京邑。郑庄公一口答应了。

就这样，共叔段来到了京邑，他大修城池馆舍，耀武扬威，大造声势。郑国人慑于他的气势，敬称他为"京城太叔"。

郑国大夫祭仲率先感觉到共叔段的野心，他对郑庄公说："分封的采邑，如果城墙的周长超过三百丈，肯定会威胁到诸侯国的稳定。按照周代的制度规定，诸侯国内最大的城邑，只能是国都，其他城邑的最大面积，也不能超过国都的三分之一。现在，京邑的面积已经超过了国都新郑，这可不符合法制，恐怕以后会失去控制。"

郑庄公无奈地说："是我的母亲蓄意制造了这个局面，我怎样才能躲开这场灾祸呢？"

祭仲回答说："您母亲的目标可要比京邑大得多，如果您不尽早处理，祸根就会膨胀，一旦蔓延开来，可就难办了。因为疯长的野草，也很难一举铲除，更何况您要对付的是受到母亲宠爱的亲弟弟呢？"

郑庄公沉稳地说："多行不义必自毙！你先等等看吧。"

过了一阵子后，共叔段试探着要求郑国西部和北部的边邑城镇，效忠自己。大臣公子吕对郑庄公提出警告："一个国家不可能有两个国君统治，您到底打算怎么办？您如果打算把郑国交给您的弟弟，那么请允许我现在就离开您，去为共叔段效劳了；如果不打算给，那么就请立刻除掉他，不要再让臣下和百姓惊惧、疑虑了。"

郑庄公依旧不慌不忙，说："不用管他，他会自取其辱的。"

共叔段以为郑庄公不敢干预，就不再犹豫，吞并了西部、北部的边邑城镇，他的势力扩展到了廪延。大臣子封忍不住了，对郑庄公说："该动手了。共叔段的领地扩大，他会得到更多的百姓拥护。”

郑庄公自信地说：“他对国君不义，对兄长不亲，土地扩大了也没用，不会有人支持。”

终于，共叔段聚集起了民众，准备够了粮草，修补完了城墙，添置足了兵甲，打造好了兵车，马上就要出兵袭击国都新郑。同时，武姜也在做准备，她计划在共叔段到来后，做内应，打开城门。

郑庄公在打探出共叔段出兵的日期后，立刻命令大臣子封，率领兵车二百辆，攻打京邑。京邑的人看到国君派来的军队，立刻背叛了共叔段。共叔段仓皇逃到鄢城。郑庄公命令继续追击，共叔段没有办法，只得离开郑国，逃往了共国。

孔丘一口气说完了这个故事，故意轻描淡写地总结说：“不过，我写这一段，只用了‘郑伯克段于鄢’六个字，就把这件事包含的好坏、善恶都写尽了。”

艾丽丝斜着眼睛，拖着长音，慢慢地说：“真——的——吗？我才不信。”她已经完全掌握了孔丘的脾气：她越是想知道，孔丘就越会卖关子；越是不想知道，孔丘反而越会详细解释。

孔丘果然滔滔不绝地解说起来：“这六个字意味无穷，第一，称郑庄公为‘郑伯’，是点出他身为大哥的身份，批评他没有对弟弟尽到该尽的责任，而是一再纵容、算计，用心叵测；第二，寤生、共叔段兄弟二人如同两个国君一样争斗，所以用‘克’字；第三，共叔段不遵守做弟弟的本分，所以称名，不称弟；第四，不提共叔段兵败后出奔共国之事，意在强调赶走共叔段是出于郑庄公本意，是责难郑庄公逼走弟弟的行为。”

“您想得可真多，写得可真少啊。”艾丽丝禁不住感叹，“这么说您是干了一件好事，他们为什么还要批评您？”

孔丘摸摸下巴，说：“就是因为我对史事的背景、过程着墨太少，大多数的

史料被我扔了，他们看《春秋》的时候，经常不知道前因后果，所以才埋怨我。”

艾丽丝歪着脑袋说：“您倒是什么都明白……等一下，我发现问题了：您刚才解释了整个事件，我才能知道那六个字的含义，但是如果没遇到您，只读《春秋》的话，不就看不明白那六个字的含义了吗？”

孔丘哈哈一笑，点点头说：“所以才产生了专门给我的《春秋》做注解的书，而且还不止一本。”

“这个我知道，就是《春秋左氏传》《春秋公羊传》《春秋谷梁传》三本书。”

孔丘对艾丽丝竖起了大拇指，赞许道：“艾丽丝小友天分就是高啊。对‘经’书中的叙述进行详细解释的文字，就叫‘传’，就是传递的意思。《左传》《公羊传》《谷梁传》，合称《春秋三传》。其中《左传》讲的是历史事实，《公羊传》和《谷梁传》讲的是字句经义。比较起来，《左传》是一部编年体通史著作，而《公羊传》和《谷梁传》是经学著作，难免艰涩难懂，所以《左传》在后世广为流传。”

艾丽丝想起自己在阅览室翻过的《左传》，说：“是啊，在我们的时代，您的《春秋》，是被编进《左传》一书中的，一行字是‘经’，在下面又一行字是‘传’。还有啊，我知道《左传》的作者左丘明是个盲人，可真了不起。”

孔丘睁大了眼睛，说：“《左传》是我后来时代的人写的书，作者有点小神秘。有人说是左丘明，也有人说是吴起。我觉得吴起最有可能。”

“是吗？”艾丽丝愣住了，“我印象中吴起只是位军事家。”

“他是全才。”孔丘说，“吴起还有他的学生都学习过我的《春秋》，另外，吴起是卫国左氏中人，所以我觉得他写了《春秋左氏传》。”

艾丽丝瞧着孔丘，喃喃地说：“中国古书的知识，真是玄之又玄，怎么学也学不尽啊。”

第三章

《周易》学起来不容易

孔丘话还没说完，艾丽丝已经一个箭步窜到孔丘身前，一把抓住孔丘的手，急切地哀求道：“孔爷爷，不，孔夫子，快，快说是什么卦？！颜老师他们在哪里？”

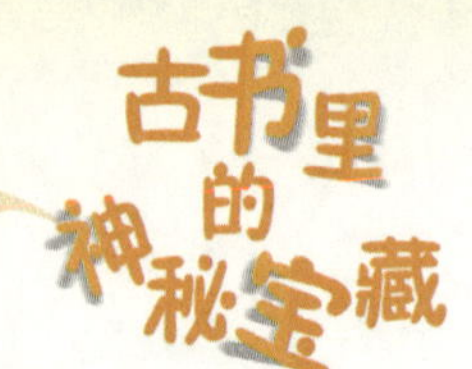
古书里
的
神秘宝藏

艾丽丝忽然叹了口气，情绪低落地说："学到这些知识是很酷，可惜对我没什么直接帮助，要是这些书里写了颜老师、高兴、胡闹闹他们现在在哪里，那该多好啊！"

孔丘正在翻看手中的《春秋》，听艾丽丝这么说，抬头答话道："这不难，你自己就可以找出他们在哪里。"

艾丽丝以为他又在逗自己，没好气地说："是不难，我用十年八年的时间，把这个'书世界'周游一遍，就找到他们了！"

孔丘拍拍手，手掌中又幻化出一本书，他把这本书向艾丽丝展开，说："喏，我教你这本书的知识，学会了，你自己就可以试着找到他们。"

艾丽丝抬头一看，只见这本书的封面上写着《周易》两个字。她吃惊地张大了嘴，激动地说："这、这个，就是传说中的那个……占卜神书？！"

"这本书是按照中国古代经、史、子、集四部分类法写作而成，位列中国古代典籍第一位，是趋吉避凶、因往知来，侦测宇宙极限、探知天地奥义和中国原生文明的终极宝典。但是你一定要记住：'不占而已矣'。"孔丘故意顿了顿，接着说，"我其实最不爱言说古怪、暴力、动乱、神异之类的事情，你也不要把《周易》当成预测吉凶祸福的占卜法术，阴阳、五行、八卦都不过是一

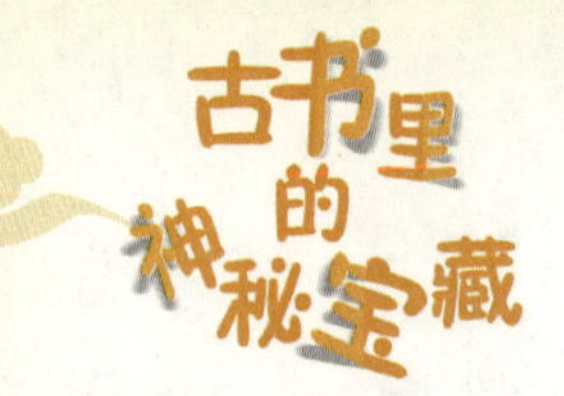

套古代思考的方式方法而已。”

艾丽丝使劲地点头，迫不及待地说：“我知道、我知道——您赶快教我吧，看看颜老师他们在哪里。”

孔丘皱皱眉头，故意拖着长音，问：“那么，艾丽丝小友，你知道‘易’是什么吗？”

艾丽丝回答：“不知道——您还是教我占卜吧，最好再算算我这次考试的成绩是多少。”

孔丘哑然失笑，双手合拢，那本《周易》腾地消失了。孔丘倒背双手，正色地看着艾丽丝说：“这些卜不出来！”

艾丽丝见孔丘动了气，怔怔地不敢说话。

孔丘一字一句地对艾丽丝说：“‘易’乃宇宙终极，《周易》八卦，讲的是卦辞中蕴含的道理。在古代，中国最早的三个王朝，夏朝有‘连山’、商朝有‘归藏’、周朝有‘易’。在将近两千年的时间里，都倡导着这套知识和观念。就好比你们的时代讲究科学，说物质是世界的本原一样。至于说‘易’的占卜功能，顶多是提醒你谨言慎行，不要因为任性妄为而行差踏错，难道你把我当成算命先生了？！果然哪，‘后世之士疑丘者，或以《周易》乎？’”

艾丽丝说：“这样啊，我懂了，这本书在您心里地位非同一般。”

孔丘一听就高兴了，搓着手笑了起来，说：“哈哈，艾丽丝小友啊，要不我怎么爱跟你聊天哪，一说就中。不错，就是这个意思。实话跟你说，我删改了《诗》《春秋》，可是对《周易》，实在是一个字也不敢改。而且，在我的人生暮年，最喜欢看的书，其实还是这部《周易》。”

说完，孔丘抬手指了指院墙边一大片灌木丛，对艾丽丝说：“你随我来。”

艾丽丝小跑着跟上，忙不迭地问："什么事啊？什么事？"

孔丘走进灌木丛中，开始仔细地搜寻。艾丽丝不明就里，跟在后面问："您丢了什么东西？我眼神好，我帮您找。"

孔丘被逗乐了，直起腰，问："蓍草，你认识吗？"

艾丽丝听了，毫无兴致地回答："咳，我还以为跑过来要找什么宝贝，原来是要除草，我去取把铲子，铲子在哪里？"

孔丘哈哈大笑，说："不是除草，哈哈，算了，还是让我给你讲讲吧。"孔丘拂了拂身上的尘土，先问艾丽丝："你知道世间有多少个汉字吗？"

艾丽丝瞪大了眼睛，崇拜地望着孔丘，问："有多少？"

"我也不知道……"孔丘一点也不尴尬地回答。艾丽丝再次感受到了这个怪老头的幽默感。

孔丘笑眯眯地说："在你生活的年代，一般的汉字字典，也得收录好几万字。当然了，这距离我的年代已经过了两千多年，在这么长的时间里，生产发展、社会进步，汉字肯定要增加，在我生活的年代，估计有五六千个汉字……我要问你的是：在这么多汉字里，为什么偏偏会选中'易'字，作为世间终极真理的名称？"

艾丽丝茫然不知，问："'易'字有什么特殊含义吗？"

孔丘一边在灌木丛中搜索，一边说："'易'包含有三个意思：变化、不变、简单。"

他喘了口气，揉揉自己的腰。艾丽丝忙跨步扶住他的胳膊，孔丘用微笑表示感谢，嘴里依然解释着："首先说'变化'这个意思，变化是中国自然哲学的最基本的认知，本来也有'变易'这个词。《周易》六十四卦的卦象，大都遵

循着萌生、显现、生长、浮动、飞腾、终极六个阶段，进行推衍。

“比如你可能也见过的‘乾卦’六爻的爻辞，按顺序分别是：潜龙勿用、见龙在田、终日乾乾、或跃在渊、飞龙在天、亢龙有悔。”

艾丽丝还在琢磨孔丘的话，孔丘已经提出了问题：“为什么《周易》要强调变化呢？你听说过‘武王伐纣’的故事吧？”

艾丽丝使劲点头：“这个我知道，我看过电视剧《封神榜》，姜子牙是个暖男。”

“暖男？”孔丘在脑海里一时还没搜索到这个词，自顾自地接着说，“周朝推翻商朝的历史，本身就是一种变化。《周易》作为周朝创造的哲学思想，当然就要论证这种变化。最重要的一点，商朝的哲学思想，是祖先崇拜，就是以商朝王室的祖先作为国家社会的最高权威。这样一来，周朝建立以后，需要向天下百姓解释：为什么商朝的祖先不再保佑商朝，而由周朝来一统天下？所以，周武王的弟弟周公旦，他说，国家社会的最高权威，不是商朝的祖先，而是‘天’，我们周朝遵循天意行事，打败商朝绝对合理合法。而天意，就是要变化，就是《周易》的思想。

“另外啊，你看这个‘易’字，中国最早的文字——商朝的‘甲骨文’——

中的‘易’字，就是‘锡’的原字。商朝人发现，金属‘锡’的熔点低，容易液化，可以用来铸造器物，所以当时发明的这个‘易’字，形象就是烧热的锡水倒出来，从固体的锡，变成液体的锡水，就是变化，就是‘易’。后来‘易’字的含义增多，就加个金字旁，专指锡。”

艾丽丝听得一头雾水，皱起了眉头。

孔丘哈哈大笑，说：“再说第二个意思，有‘变化’就有‘不变’。中国古代自然哲学的内核，是阴阳、两仪，用你们时代的语言叫矛盾、对立。就是一切都是相对存在的，这是世间事物恒定不变的内核。就像老子在《道德经》里说的：美之为所以成为美，是因为有恶作对比；善之所以成为善，是因为有不善作对比。这就是‘有与无’‘难与易’‘长与短’‘高与低’‘前与后’……相互依傍而存在，少了其中一个，另一个也不再存在。物极必反、否极泰来，这两个成语，你听过吧？所以，按照《周易》的观点来说：变化是宇宙中唯一的不变。”

艾丽丝自言自语地说：“好玄妙啊……”

“对了，这个‘易’字，有种写法上半部分是‘日’字，下半部分是‘月’字，日、月就是阳、阴，就是最基本的一对对立关系，也就是刚刚说的宇宙运动变化的恒定内核，日、月可以说是在中国古代自然哲学观念中，最恒定、最显著、最神圣的标识物。由它们组合而来的‘易’字，当然也具有这种寓意，所谓‘其大无外，其小无内’，就是这个意思。”

孔丘说得正起劲，一回头，却见艾丽丝正盯着草叶上的蜻蜓傻笑，完全没听懂上面这些话。孔丘好不尴尬，干咳了一声，招呼道：“艾丽丝小友，你来看看这些蓍草。”

艾丽丝转过头来，欢呼一声，跑到了孔丘身边，她仔细观察孔丘手里的蓍

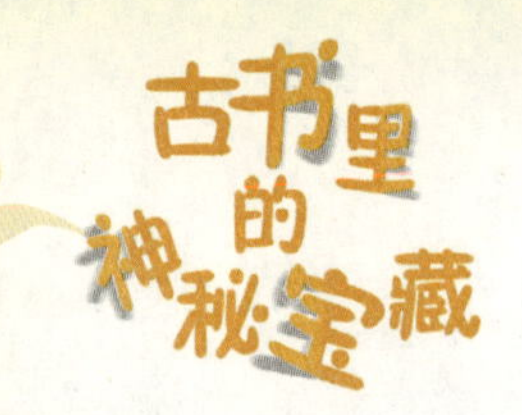

草，有五六十厘米长，枝叶不多，茎身是圆柱形，又粗又直，还分布着一层白色茸毛。艾丽丝好奇地问："孔子爷爷，为什么非要找蓍草来占卜呢？"

孔丘回答："这个问题问得好。'易'的第三个含义，是简单。这个简单是相对于什么而言呢？是相对于商朝的龟甲兽骨占卜而言。地处中原地区的商朝，用龟甲、兽骨占卜，因为当时传说乌龟能存活上万年，具有灵性。占卜的方法是在龟甲、兽骨上钻眼，放到火上烧，出现裂纹，根据这些裂纹，判断吉凶预兆。周朝地处陕西周原，没有那么多龟甲、兽骨，于是就用陕西本地的蓍草占卜。据说蓍草能存活上千年，也很有灵性了。你看，跟龟甲兽骨占卜比，用蓍草当然省事、容易。"

"这么说我就懂了，"艾丽丝兴致又高了起来，"那我也帮您去拔蓍草，一共需要多少根呢？"

还不等艾丽丝说完，孔丘就回答："五十根。"

"啊？那么多？！"艾丽丝大感意外。

孔丘哈哈一笑，继续埋头找寻蓍草。过了好一会儿，孔丘和艾丽丝各自抱着一大捆蓍草，钻出了灌木丛，回到了石板广场上。孔丘回屋取出两把小刀，交给艾丽丝一把，嘱咐她把蓍草收拾干净，切成二十厘米长。

一老一少，无拘无束地跪坐在地上，有条不紊地制作蓍草筹策。此时阳光温暖，微风轻柔，远处青山如画，时有虫鸣鸟叫。置身如此境地，不自觉身心舒畅，陶然忘忧。

孔丘眯着双眼，悠然地说道："八卦是一系列有特殊含义的符号，据传说是由上古先王伏羲创造的。"艾丽丝听出孔丘终于开始讲解占卜了，赶紧竖起耳朵认真听。

孔丘随手抓起一根树枝，在地上画出“—”和“--”两种横线，一条在上一条在下。然后，指着它们说：“八卦的基本结构是长、短两横线，叫作‘爻’，长横线叫‘阳爻’、短横线叫‘阴爻’。”

孔丘接着在它们上方又画出一条横线，说：“每三个阴、阳爻组合，就构成了乾、坤、震、艮、坎、离、巽、兑八卦。”

说着，孔丘擦掉刚才画的三条横线，重新画了三条长横线，说：“比如这个三条长横线，也就是三个阳爻，就是乾卦。这叫‘单卦’。”

·知 识 锦 囊·

每个“重卦”，从下往上，每一“爻”，分别叫“初、二、三、四、五、上”。“阳爻”用九表示，“阴爻”用六表示。

比如“乾卦”每一爻的称呼是“初九、九二、九三、九四、九五、上九”；还有“坤卦”每一爻的名字是“初六、六二、六三、六四、六五、上六”。

艾丽丝说：“就是个‘三’字嘛。”

孔丘在乾卦下又画出一个乾卦，说：“每两个单卦组合，就成了六十四卦，就叫重卦。阳爻、阴爻组合，呈现出不同的形状，叫卦象。《周易》就是解释六十四卦的书。”

孔丘不知想起了什么，叹了口气，说：“先人探索宇宙真理的智慧，就体现在八卦上。不过可惜，上古伏羲的时代，就是八卦出现的时候，应该还没有文字，所以，先人对卦象的理解，没有流传下来，或者先人认为不需要文字解释，也未可知。因此，后人就自己尝试理解八卦乃至六十四卦卦象的义理，并进行了大量阐述，这就是卦辞、爻辞。

“像我自己，也写了一些解释六十四卦的文字，但是，还是那句老话，越

研究《周易》，越觉得它的内涵缥缈玄远，不可臆测。对这部意在探索极限真理的书来说，占卜是一种歪曲，可不能任意尝试。”

艾丽丝体会不出孔丘这番话的深意，她还以为孔丘不想教她起卦了，不觉紧张了起来，直到她看到孔丘又继续制作筹策，才松了口气。

两个人各怀心事，又忙活了一会儿。孔丘看看蓍草的数量差不多了，就说：“差不多了，可以开始了。”艾丽丝内心一阵激动。

孔丘抽出五十根蓍草筹策，同时对艾丽丝解释说：“为什么要用五十根？因为‘大衍之数五十，其用四十有九。’起卦时实际用到四十九根。”

艾丽丝也学着孔丘的样子，抽出五十根蓍草筹策握在手里。

孔丘又说：“起卦不可随便，有讲究，比如‘三不占’：不诚不占、不义不占、不疑不占。还比如‘一季一占’，就是三个月占卜一次，才准。”

艾丽丝忙说：“这些情况我都符合！”

孔丘笑笑，接着说：“起卦一般在早晨，预先准备好纸、笔，口中念：‘假尔泰蓍有常’。从五十根筹策中，取出一根，置于自己正前方，这叫‘太极定位’。

“你在头脑中要先想好问题。然后把剩余的四十九根筹策任意分成两堆，这代表天地阴阳分开，左为天、右为地。

“从任意一堆——一般是从象征地的右手堆——取出一根，左手夹住，这代表着人。你想想《道德经》的第一句话：‘道生一、一生二、二生三、三生万物。’说的就是这个步骤。

“接下来的步骤，就复杂了，你一定要记清楚：把两堆筹策，分别四根一组排列，最后剩余一到三根，都取回放在手中——如果四根一组均匀分完，就四根全部收回。左右两堆取回的筹策，都合并，放到身旁。

“为什么是四根一组排列呢？因为刚才说‘一季一占’，四根筹策，就呼应了一年四季。

“这时，从两堆筹策中取出来的数量，不是五，就是九。如果数量不对，就表示你前面取错了，必须重来。这个步骤叫作‘一变’。

“接着，再将剩余的两堆筹策混合，任意分两堆……重复前面的步骤，完成‘二变’。‘二变’中取出来的筹策数目，不是四，就是八。

“最后，再重复一次，就是‘三变’。

“‘三变’过后，数一数你面前剩余的四根一组的筹策的组数，只有六组、七组、八组、九组四种可能。

“‘三变’出现一个爻。好了，进行到这里，你可以在纸上写下第一个爻，‘初’位的数字，如果是六个组、七个组，写下的是六或七，那就是‘阴爻’，两条短横线；如果是八个组、九个组，写下的是八或九，那就是‘阳爻’，一条长横线。对了，还有一点……”

孔丘话还没说完，艾丽丝已经一个箭步窜到孔丘身前，一把抓住孔丘的手，急切地哀求道："孔爷爷，不，孔夫子，快、快说，是什么卦?！颜老师他们在哪里？"

孔丘被吓了一跳，张嘴啊了半天，终于说："这个，艾丽丝小友，一个重卦有几个爻？"

"六个！"

"所以啊，你看，现在才出现了一个爻，就是说你还需要重复五次'三变'，才能出现一个完整的卦象。"

"啊?！"

司马迁《史记》与班固《汉书》

艾丽丝真切体会到，司马迁与孔丘一样，都有一股同样的力量，这或许就是知识的力量。这股力量会把人的境界无限的抬升，突破时空的局限。

艾丽丝垂头丧气地坐回原地，低着头继续摆弄筹策。

孔丘整了整衣襟，想了想刚才的话，继续说："方才说到——我想说什么来着……嗯，就是你画卦象的时候，进行完十八次分组、取筹策，也就是六次'三变'后，写下六个数字，一定要按照从下往上的顺序，出来的结果就是你这次占卜的本卦。

"还有，在你记下的六个数字当中，六是老阴、七是少阴、八是少阳、九是老阳。在写出本卦之后，还有一条'老变少不变'的规矩，就是你的本卦中，如果有九老阳、六老阴，那就要阳爻变阴爻、阴爻变阳爻，六、九就叫动爻，变化之后的爻，就叫'变爻'。

"变化之后，就在'本卦'之外，出现了一个新卦，叫'变卦'。为什么要有'变卦'？因为易的本意就是强调变化，昭示了你之后要面对的情况。"

艾丽丝似懂非懂，"嗯"了一声。孔丘停住话头，看着艾丽丝手里的动作，露出欣慰的表情。

过了一会儿，艾丽丝兴奋地说："出来了，出来了，就是这个：'本卦'是七、八、八、八、六、八，少阴、少阳、少阳、少阳、老阴、少阳。'老变少不变'，那么变卦就是阴、阳、阳、阳、阳、阳。对吗？"

孔丘点点头，称赞道：“好，那么本卦是革卦，变卦是夬卦。接下来就是解卦，先看卦辞，然后看变爻的爻辞。

“说到变爻的爻辞，就有七种情况：六爻都不变，看‘本卦’卦辞；一爻变，看变爻的爻辞；两爻变，看两变爻的爻辞，以居上者为主；三爻变，看‘本卦’、‘变卦’的卦辞；四爻变，看‘变卦’中两不变爻的爻辞，以居下者为主；五爻变，看‘变卦’不变爻的爻辞；六爻都变，看‘变卦’卦辞。”

“我的卦是什么情况？”艾丽丝已经有点晕头转向了，哪还顾得上仔细分析，迫不及待地追问孔丘。

孔丘依然不慌不忙，眯着眼睛，摇着脑袋，慢吞吞地说：“本卦是革卦，九五爻是变爻，变卦是夬卦，夬卦九五爻的爻辞是‘苋陆夬夬，中行无咎’。意思是：本来九五爻位置极佳，但是却有如商陆这种植物，很容易折断，须得小心，不过也不用太紧张。”

“啊？”艾丽丝丈二和尚摸不着头脑，本来她就觉得孔丘说话云山雾罩，现在又扯上《周易》的卦辞、爻辞，她眼巴巴地望着孔丘，不知该说什么。

孔丘挥挥手，大大咧咧地说：“这回放心了，就是说你的处境不错，有些小波折，不用多想，结果终会如愿的。”

艾丽丝总算长舒一口气，终于放下心来。她没有注意到，孔丘此时却皱起了眉头，一个人嘟嘟囔囔，兀自念叨：“夬卦的卦辞是‘扬于王庭，孚号有厉，告自邑。不利即戎，利有攸往。’这个意思是说外地有危险，会有人来报告，应该去施以援助……难道是，它们又来了？！”

一老一少正在各自想着心事，忽听院门外有人说话：“哎呀，叫我一番好找，夫子却在这里闲坐。”只见一个白面文士急匆匆闯进院子来。

孔丘侧头一看，一眼就认出了来人是谁，立即起身亲切地向他打招呼：“太史公来得正好，我有事相商。”

艾丽丝仔细打量来人。真有趣，这人也没有胡子。

这个被孔丘称为“太史公”的人，倒是个急脾气，他略略朝孔丘作揖，便滔滔不绝地说起话来：“夫子啊，您今天一定要给我评评理，在下的《史记》与班孟坚的《汉书》比，到底哪个写得更好？”

·知识锦囊·

司马迁，字子长。生于公元前145年，卒于公元前90年。陕西韩城人。二十岁时游历天下，后来回到长安，担任太史令，领受父亲司马谈遗命，续写史书。后因替将领李陵战败投降匈奴一事辩护，被汉武帝下令施以宫刑，改任由宦官担任的中书令。

孔丘笑呵呵地向艾丽丝介绍道：“艾丽丝小友，此人你一定要记住，他就是大名鼎鼎的‘太史公’，‘史圣’司马迁。对了，他也是你说的那个……陕西人。”

司马迁被孔丘岔开了话题，奇怪地打量起艾丽丝。艾丽丝大大方方地朝司马迁鞠躬，说：“司马叔叔好，久仰您的大名。”

司马迁朝艾丽丝拱手回礼，说：“这位小妹妹客气了，不敢当。”

孔丘愣了，指着艾丽丝问：“我叫你小友，你还曾叫我爷爷。”又指着司马迁问：“她叫你叔叔，你又叫她小妹妹……这……”

司马迁比孔丘更健谈，大手一挥，说：“江湖大乱道，各论各的，哈哈哈。”

艾丽丝笑道：“看来，在这个‘书世界’里，不同时代的人在一起，要是按辈分称呼，真的会乱的！”

司马迁认真地盯着艾丽丝，问：“我看这位小姑娘神色、衣着，颇不寻常，可是有什么来历？”

孔丘忙给司马迁解释了一番艾丽丝的经历，一番言语终了，又说：“也巧，正好你来了，就跟她说说你们史部书城的知识吧。不如就从你的《史记》开始吧。”

司马迁闻言，精神一振，对艾丽丝说：“小姑娘，在下的拙作，你可有耳闻？”

艾丽丝没听懂司马迁的话，就摇了摇头。司马迁立刻露出失望的表情。孔丘站在一旁对艾丽丝说：“他是问你听没听说过《史记》？”

艾丽丝露出恍然大悟的表情，高声说：“当然听过啊，这可是名著，我们课堂上都学过鲁迅先生对它的评语：‘史家之绝唱，无韵之离骚。’”

司马迁的神情立刻又生动起来，嘿嘿笑着说：“有人这么说吗？”

艾丽丝瞅着司马迁，说：“我知道《史记》，它不但是中国第一部纪传体通

史，而且是中国古代王朝官修史书《二十四史》的模板。”

司马迁兴奋地对孔丘说：“果然如此吧，我的《史记》是‘绝唱’——没有《汉书》什么事！”

孔丘干咳一声，没有接话。司马迁就转向艾丽丝说：“‘通史’的意思，就是贯穿古今的史书，我大概写了五十二万六千五百多字，从远古的黄帝，一直写到了西汉的汉武帝元狩元年（公元前122年），一共三千多年的历史……”

司马迁还想要继续往下说，艾丽丝不好意思地笑了笑，说道：“那个，司马先生，什么叫‘纪传体’啊？”

“‘纪’是‘本纪’，是皇帝的传记；‘传’是‘列传’，是名臣的传记。我的《史记》主要是通过为人物立传的方式，叙述历史进程，因而被称为‘纪传体’史书。”司马迁顿了顿，接着解释说：“我得先跟你说说《史记》的结构，我这部《史记》全书分为一百三十篇，包括‘本纪’十二篇、‘世家’三十篇、‘列传’七十篇、‘书’八篇、‘表’十篇。

“什么是‘本纪’呢？是以朝代更替为线索，按照时间的自然演进顺序，叙述皇帝的言行功过。‘本纪’十二篇的篇目是‘五帝’‘夏’‘殷’‘周’‘秦’‘秦始皇’‘西楚霸王项羽’‘汉高祖’‘吕后’‘汉文帝’‘汉景帝’和‘汉武帝’，所以，‘本纪’就是全书的时间轴。

“除了皇帝以外，还有很多王公贵族，例如春秋战国时代，子孙世袭的诸侯，或者是自立为王的特殊人物，这些都属于‘世家’的内容。

“然后是‘列传’，就是除上述两类人之外，各方面的突出人物，比如能臣良将、名士大侠，以及少数民族的事迹。

“说到‘书’呢，是用来记述我们的政治、经济、文化制度，还有自然环境，

比如礼乐刑罚、经济社会、天文地理等方面的内容。

“最后是‘表’，是用表格的形式来排列人物、事件的发生，方便读者纵览千年史事。”

艾丽丝说：“好像大部分内容是在写人？”

司马迁直夸艾丽丝聪明，说：“小姑娘，你看，在‘本纪’‘世家’‘列传’‘书’‘表’五个部分当中，‘本纪’‘列传’和‘世家’的篇幅最大，都是通过写各个人物的生平事迹来统摄整个历史演变。后来，很多历史学家都仿照我这种写法，不过他们把‘世家’融入了‘列传’，所以就用‘本纪’‘列传’称呼这种史书体裁为‘纪传体’——与我这种体裁相对应的叫‘编年体’，是把人物、事件放在时间的坐标里来写。《春秋》就是编年体。”

这时，孔丘收拾完了蓍草，又踱步回到两人身旁，听司马迁说完，笑着说：“太史公写《史记》与我写《春秋》，其实用意相同。想来西周礼乐制度废弛，经过春秋、战国的乱世，由秦朝完成统一，但是秦朝崇尚刑罚，焚毁《诗经》《尚书》等文学、历史书籍，使得周朝不少珍贵典籍消亡，这就是著名的‘焚书坑儒’。”

“啊，那书都烧了，人们看什么？”艾丽丝紧张地问。

司马迁点点头，接着说：“秦朝之后，汉朝兴起。汉朝废除秦朝法制，宣布要恢复周朝制度。所以有萧何修法律、韩信立军法、叔孙通制礼仪、张苍定历法……众多学有所成的学者、文士相继涌现，以前被民间私下收藏的古书，不断在各地被发现并交给朝廷。在这样的背景下，我才会立志通过写书来保存并传播这些资料。”

艾丽丝心里忽然升起一股敬意：“司马先生，您的志向真远大！对了，孔夫

子为什么叫您‘太史公’呢？”

孔丘接话道：“因为他的父亲司马谈是汉朝的‘太史令’，一直把写史书当作自己的毕生追求，司马谈临终时，几番叮咛，要他继续修史。他后来继任‘太史令’，并且坚持写书。‘太史公’就是对他的敬称，《史记》本来的名字叫《太史公书》，也是这个原因。”说到这里，孔丘叹了口气，低头不语。

艾丽丝奇怪地望着两人，满心疑惑，又不敢问。

司马迁缓缓地说：“夫子是为在下的人生遭遇鸣不平吧。小妹妹，其实我被治过罪。我是从汉武帝太初元年（公元前104年）开始写作的，六年之后，我因为替一位朋友辩护，惹恼了汉武帝，被判处宫刑，遭受了巨大的屈辱。不过我没有自暴自弃，反而继续发愤写作。又过了八年，历时十四年的写作才最终结束。这期间的辛酸、艰苦，真不是一言两语可以道尽的。”

孔丘伸出手，拍了拍司马迁的肩膀，却没有说话。

司马迁语气坚定地说：“这是我用生命、尊严、意志写的书，我对它有深切的期望：‘究天人之际，通古今之变，成一家之言。’”

艾丽丝在一旁听着司马迁侃侃而谈，感觉到他在解释自己著作的时候，带着一股由内而外散发出来的自信、热情与真诚，那是出于对自己的著作，更是对自己这份事业的坚定信仰。这时，艾丽丝真切体会到，司马迁与孔丘一样，都有一股同样的力量，这或许就是知识的力量。这股力量会把人的境界无限的抬升，甚至突破时空的局限。

艾丽丝已经被司马迁深深感染了，她攥着拳头，大声说：“司马先生，您真伟大。我也要向您学习，什么困难也不怕！”

艾丽丝话音刚落，就听院门口传来一阵放肆的笑声：“啧啧，子长兄，又搬出这些‘陈芝麻烂谷子’的旧账来博取同情了，我忍不住要问一句：哪一位学者名士是随心所欲、安稳自在地写书著述的？夫子没吃过苦吗？我没受过冤吗？”

艾丽丝转身望过去，只见从院外又走进来一个学者模样的中年人，这个人动作潇洒，长相英俊。与孔丘、司马迁最大的不同，是他的眉毛和胡须又黑又亮，随风轻摆。

艾丽丝正看着这人出神，孔丘在她身后叫了起来："哎呀呀，我说是谁来了，原来是孟坚。对了，艾丽丝小友，你不是说要给你的司马叔叔唱《诗经》吗？快进屋去唱吧。”艾丽丝被问糊涂了，一时间愣在了原地。

司马迁却是火爆脾气，一跨步挡在了来人身前，喝道："班孟坚！此话怎讲！”

孔丘一拉艾丽丝的袖子，悄悄退后了几步，叹了口气，愁眉苦脸地说："唉，冤家路窄。这俩人一碰面，什么事都要耽搁了。”

艾丽丝问："这是谁啊？真帅。”

“不，他不是‘元帅’，”孔丘又误会了艾丽丝的语言，小声解释说，“长胡子这个，叫‘班固’，字‘孟坚’，他称呼的是司马迁的字‘子长’。”

艾丽丝说："班固我知道啊，他写的《汉书》，也是鼎鼎

有名的。”

孔丘依然苦着脸，说：“那是当然，只是班固这人脾气不好，总爱跟人较劲。司马迁也是倔脾气，这俩人一见面，就要争论《史记》和《汉书》哪个更好。”

艾丽丝说：“这两个都是大名人，在旁边听听他们的争论，也能学到不少东西吧，有什么麻烦的？”

孔丘看着艾丽丝，叹着气说：“我本来是想让司马迁带你去他们史部书城的，现在啊，不知道他们要吵到什么时候去了。”

果然，那边司马迁和班固已经针尖对麦芒，辩论起来。

只听班固正在说话，他姿态从容，话锋却很锐利：“子长兄，你标榜自己写《史记》是以孔夫子的《春秋》为榜样，可是你却写了汉武帝穷兵黩武，这违背了‘春秋笔法’中的‘为尊者讳’‘为贤者讳’，你还把不是王公贵族的陈胜放入‘世家’、把不是皇帝的项羽放入‘本纪’，这又违背了‘春秋笔法’中的‘名不正则言不顺’。说白了，你的书就是体例混乱。”

司马迁立刻反唇相讥：“孟坚倒是讲究，你的书是接受皇帝的诏令写的，就是在替皇帝做宣传。汉景帝冤杀了忠臣晁错，世人都知道这是汉景帝的错，唯独你故意把晁错写成坏人，这是何等用心！我写三千年的史事，用了五十多万字，你写二百年的史事，却写了八十多万字。对史事要有所选择，才能奖善惩恶，可是你不加筛选，什么鸡毛蒜皮、鸡鸣狗盗的事全都写进去了。”

班固一声冷笑，说：“子长兄说笑话！我的《汉书》把西汉一代人物、制度、典故统统写尽，比如说，我增加了《刑法志》《地理志》《艺文志》，专门写法律、地理、书籍，所以字数才会增加。恰恰是这些内容，都被后世的‘纪传体’史书全部继承，这表示《汉书》比《史记》的体例更整齐完备。换句话说，子长

兄没有写出完整的历史。”

司马迁斗志昂扬，作势撸起了自己的袖子，高声反驳说：“孟坚才是说笑话！你砍断了西汉之前、之后的历史，只写一个朝代，怎么可能让人看清楚历史发展的全过程？再说了，你把史书写成了文学作品，用对仗句式、大肆铺排、堆砌辞藻，这都不是当时民间百姓实际使用的口语、俚语，你的书就不是真实的历史。”

“你……”班固正要反击，院门口又风一般地跑进来一个人，嘴里还哇哇叫着：“谁要说笑话啊，我也要听……啊，不对，迁爷爷、迁爷爷，光爷爷叫你赶紧回史部书城，水妖、火魔打过来了！”

艾丽丝听这个声音非常耳熟，踮起脚一看，发现跑进来的人竟然是胡闹闹！

第五章

保卫《资治通鉴》

这时，就听轰隆一声响，楼角一处墙壁被挖开了，地上的水瞬间向缺口流去。

艾丽丝一个箭步窜了出来，欣喜地几乎要哭出声来，大声喊："胡闹闹！你怎么在这儿啊？！"她双手抓着胡闹闹的胳膊，使劲摇晃，再也说不出话来。

胡闹闹"咦"了一声，表情并没有剧烈变化，很淡定地对艾丽丝说："艾丽丝，你先在这儿待着，我们要去打仗，打胜了我们再来找你……"

孔丘突然一把拉过胡闹闹，他似乎比艾丽丝还焦急，问："这位小公子，你快说，水妖、火魔到了哪里了？"

胡闹闹叹了口气，轻轻拍拍孔丘的肩膀，说："老爷爷，您别操心这事了，这是我们男人的事情，'战争让女人、老人、孩子和宠物都走开'……哎哟！"

胡闹闹的脑袋被司马迁拍了一下，司马迁训斥道："竖子又胡说！快说怎么回事！"

胡闹闹见了司马迁，立刻正经起来，有板有眼地回答说："禀告迁爷爷！水妖、火魔突袭史部书城，目前到了光爷爷的《资治通鉴》寨，光爷爷请您赶快去支援。"

司马迁、班固听了胡闹闹的话，脸色顿时凝重起来。孔丘也紧张地说："方才艾丽丝小友起卦，得夬卦，卦辞就是外地有战事，老夫正在担心，果不其然，又是水妖、火魔来了。"

司马迁对班固说："事不宜迟，我们速速返回史部书城，去救援温国公的《资治通鉴》寨。"班固毫不犹豫地点头同意。

眼见司马迁、班固和胡闹闹就要动身，艾丽丝也急了，不知自己该怎么办。幸亏孔丘想得周到，他对司马迁、班固说："太史公、孟坚，把这位艾丽丝小友也一并带过去吧，她与这位小公子原本是一起的，你们带她去史部书城，接着学习史部知识。"

司马迁、班固应允，拱手朝孔丘作别。胡闹闹却对艾丽丝说："你什么也不懂，一会儿就老老实实跟着我，可别给我们添乱。"惹来艾丽丝的一顿白眼。

孔丘送四人出了院门，又叮咛司马迁、班固说，自己这就去联络经部书城子部书城和集部书城，一起去增援史部书城。

司马迁冲着空中两手一拍，不消片刻，呼地凭空幻化出一乘四匹骏马拉的马车。司马迁对胡闹闹说："闹闹，你带着艾丽丝小友坐这辆辒辌车走，我们骑马先走，一会儿在《资治通鉴》寨汇合。"说着，再次向空中一招手，又呼地召唤出两匹高头大马。

班固看着两匹骏马，点头说："不错，是汉武帝的大宛天马和乌孙西极马，是好马。"说罢，与司马迁一人一匹，飞身上马，疾驰而去。

艾丽丝看得目瞪口呆，胡闹闹着急地拽着她上马车，艾丽丝忙回头向孔丘挥手作别，孔丘一再嘱咐她小心，并说自己随后就到。

胡闹闹吆喝着向孔丘告别，同时催动马匹，辒辌车就慢慢开动了。艾丽丝把头探出车窗外，她看到孔丘脸上满是关切，心里不禁生出丝丝温暖。

这时，胡闹闹感慨道："这辆辒辌车可是秦始皇巡游时坐的马车啊，迁爷爷对你可真好。"

艾丽丝不禁对胡闹闹刮目相看了，忍不住问："胡闹闹，你怎么知道这么多事情，好像还跟司马迁他们很熟悉？"

胡闹闹解释自己穿越过来以后，遇到了司马迁，老少二人很是投缘。司马迁对胡闹闹的经历特别感兴趣，也给他讲了很多书世界的知识。

艾丽丝想起孔丘说过，司马迁就喜欢这些奇闻逸事，不禁哑然失笑。

胡闹闹接着说，史部书城是按照每部典籍，分成各个寨，比如司马迁的《史记》寨、班固的《汉书》寨。他现在就在司马光的《资治通鉴》寨学习，谁想到遭遇到"书世界"的两个大恶魔——水妖、火魔的侵害，便赶到经部书城来找救兵。

艾丽丝看着车窗外树木飞速闪过，问道："刚才司马先生双手一拍，就变出马车来了，还有孔夫子也能变出书，这是怎么一回事？"

胡闹闹回答："这是'书世界'的魔法，根据你掌握的知识量，就能够凭空幻化出书中不同的内容。你想，《史记》就是迁爷爷写的，他几乎能幻化出书中任何东西。"说完，胡闹闹露出一丝鄙夷的神情，对艾丽丝说："我说学霸，怎么来了半天，什么也不知道，你可得多学习啊。"

艾丽丝不服气地说："孔夫子说了，他最不喜欢怪、力、乱、神，这种技能他当然不会教我。再说了，你别净是嘴上的功夫，你变出几匹马来给我看看。”

胡闹闹立刻涨红了脸，哼哼了半天，不甘心地说：“我，当然也能幻化啊，只不过……”说着搓起了手，半天工夫，轻轻地向空中一抓，霎时在他手中出现了一块大石头。

艾丽丝看傻了眼，说：“这是你变出来的？你，会变石头？哈哈哈。”

胡闹闹赌气地把石头扔出窗外，说：“迁爷爷满脑子都是用兵布阵、行侠仗义的事，给我讲了我也学不会，我现在只学会了幻化石头，以后……”

艾丽丝边笑边说：“对了，水妖、火魔是怎么回事？它们很厉害吗？”

胡闹闹点点头，说：“对！它们是‘书世界’最大的天敌，你想想，在我们的世界里也是这样，书本一碰到水、火就废了。”

艾丽丝担忧地问："怎么跟它们作战呢？用幻化的技能吗？我不会啊。"

胡闹闹说："这个我也不太清楚，边看边学吧。写《资治通鉴》的司马光爷爷说，在'书世界'里，有多少知识，干多大事业。"

艾丽丝点点头，说："孔夫子说至少要掌握十二部典籍的知识，才能开启通道回到我们的世界，大概就是这个意思吧。"

两个人说着话，不知不觉间，辒辌车已经载着他们来到了史部书城。这时，就听见车外人声鼎沸，艾丽丝和胡闹闹向车窗外一望，只见街上数不清的士兵、百姓、文士、农夫、工匠、商人，熙熙攘攘。

胡闹闹小心地驾驭着马匹，顺着人流的方向，来到一座高楼的下面。只见几道水柱，正从天空倾泻而下，灌注进楼内，地面上已经积了一米多深的水。

两个人下了车，胡闹闹指着楼上，对艾丽丝说："这就是光爷爷的《唐纪》楼，他们肯定在上面，我们走。"两个人一前一后，迈步上了楼。

两个人还没有爬到楼上，就听到头顶传来一阵嘈杂，好像有不少人聚集在这里。等到艾丽丝、胡闹闹爬上楼，班固、司马迁正争辩不休，他们身边还围了四个人。

就听司马迁高声吆喝着说："没有别的办法！长驱直入、直捣黄龙：溯水流方向而上，直接攻击水妖本体！战而胜之，一劳永逸。"

话音刚落，班固立刻反对："子长兄你不要忘了，现在我们在商量怎样救《唐纪》楼，等你找到水妖本体，别说《唐纪》楼，就是《资治通鉴》寨，可能已经被水妖毁了。诸位，依我看来，还是要调集人力、物力尽快垒土堵水。"

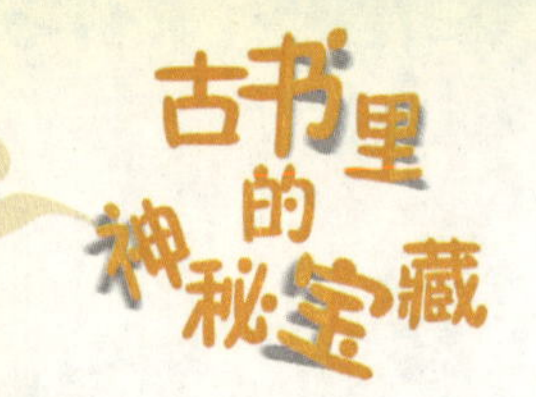

司马迁、班固各执一词，就问周围的四个人。这四个人面面相觑，其中一个年轻人，突然发现了救星似的指着艾丽丝、胡闹闹说："啊，胡闹闹小友回来了，你有何高见？"

艾丽丝、胡闹闹尴尬地朝着司马迁和班固笑了笑，不知所措地站在原地。

司马迁对说话的年轻人说："哦，那一位就是我刚才介绍过的艾丽丝，公休你带他们去见温国公吧。"

那个年轻人欢快地招呼艾丽丝、胡闹闹跟自己走。三个人没走几步，就听到身后司马迁和班固又吵了起来。

那个被司马迁叫作"公休"的年轻人，冲着艾丽丝、胡闹闹做了个鬼脸，笑着说："在下方才唐突了，我这就带你们去见家父。"

艾丽丝没听懂，胡闹闹介绍说："这位是光爷爷的儿子司马康，字公休。不过，康叔叔，温国公是谁啊？"

艾丽丝白了胡闹闹一眼，说："司马光大人被封为'温国公'，这你都不知道，还整天'光爷爷''光爷爷'叫得亲切。"

胡闹闹吐了吐舌头，朝艾丽丝做了个鬼脸。

司马康急忙打圆场，说："胡闹闹小友也来了没多久，没说上几句话就赶去经部书城找太史公了。对了，那边正与太史公、孟坚先生谈话的是刘攽、刘恕、范祖禹三位先生。"

艾丽丝一边点头，一边问："司马光爷爷加上你们四位，不就是写《资治通鉴》的几位史学家吗？"

司马康说："不敢当，在下可不敢与几位先生比肩。《资治通鉴》这部书是家父和刘攽、刘恕、范祖禹等几位先生合写的，其中刘攽先生出力最多，还有

刘恕先生写《汉纪》、范祖禹先生写《唐纪》，最后由家父加工润色、完善定稿，我只不过负责校对、查书而已。到了，家父正在此间屋子里观察形势。”司马康边说边推开一扇房门，

只见一个清瘦老人正背着手依窗眺望，还没等司马康开口，胡闹闹已经叫开了：“光爷爷，迁爷爷他们正在吵架，您去劝劝吧！”

司马光回身看着胡闹闹，板着脸说：“又大呼小叫，给你讲的规矩都忘了？”

胡闹闹立刻站定身子，指着艾丽丝说：“光爷爷教训的是，不过这是情非得已——这位就是我的同学艾丽丝——我们都希望能早点回去，但是外面水妖、火魔发威，而且迁爷爷和班固爷爷争来吵去……”

“好啦好啦，就此打住，”司马光遇到胡闹闹的胡搅蛮缠也没有办法，“艾丽丝小友一路辛苦了，目前形势紧急，我们边走边说吧。”说罢当先迈步走出屋子，司马康紧随其后，四个人返回到司马迁等人谈话的地方。

司马光朝着众人拱拱手，说：“太史公、孟坚兄、诸位，现今的形势是水妖发功，水困《唐纪》楼，一旦水冲进楼内，《资治通鉴·唐纪》的知识就会损毁丢失，那将对‘书世界’造成不可挽救的伤害，因此必须阻止水妖。”

·知 识 锦 囊·

司马光，字君实，生于公元1019年，卒于公元1086年。山西夏县涑水乡人。北宋著名政治家、历史学家、文学家。历仕四朝，在宋神宗朝，反对王安石变法，是保守派的首领。死后赠太师、温国公，谥号“文正”。除了著有编年体通史《资治通鉴》外，还著有《温国文正司马公文集》《稽古录》《涑水记闻》等。

说到这里，胡闹闹小声给艾丽丝解释说：“史部书城共有2136个书寨，像《资治通鉴》，全书按朝代分《周纪》《秦纪》《汉纪》《魏纪》《晋纪》《宋纪》《齐

纪》《梁纪》《陈纪》《隋纪》《唐纪》《后梁纪》《后唐纪》《后晋纪》《后汉纪》《后周纪》十六纪，因此《资治通鉴》寨里面就有十六座书楼。”

艾丽丝奇怪地说：“你知道不少啊！”

胡闹闹不好意思地挠挠头，说：“其实也就知道这些了，别的光爷爷还没讲。”

两个人正在说话，就听司马光那边高声说：“所以啊，太史公您想，‘水妖无相、火魔无形。’我们一时之间哪里找得到水妖的本体？还有，孟坚兄说堵水，只能解一时之需，不是长久之计。”

司马迁和班固几乎异口同声地说：“那温国公说您怎么办？”

艾丽丝早就被司马迁和班固的争吵惹烦了，只是一直不敢吭声，此刻突然大声喊道：“水是灌进来的，那就把楼拆几个口子，让水流出去不就行了？”

司马光眼光一闪，朗声说：“不错。康儿，你速去楼下，组织大家在墙上拆开几道口子。诸位，我们去书库，抢救书籍。”

众人齐声称好，转身各自行动。司马光对艾丽丝、胡闹闹说：“二位小友随我来。”

三人先后走下楼梯，司马光一边走一边说：“我的《资治通鉴》是从北宋英宗治平三年（1066年）到北宋神宗元丰七年（1084年）的十八年时间里写成的一部编年体通史，记载的是从周威烈王二十三年（公元前403年），到后周世宗显德六年（959年），一共一千三百六十二年的历史。”

艾丽丝说：“《资治通鉴》这个书名好奇怪。”

司马光回答：“这本书的原名是《通志》，最后写完以后，篇幅巨大，全书有二百九十四卷，三百万字。当时的皇帝宋神宗很喜欢，他亲自写了序言，评价这部书‘鉴于往事，有资于治道’。鉴的意思是镜子，资的意思是帮助，整句话的意思就是：观察过去的历史，能够对今天有所帮助。”

艾丽丝点点头，说：“就是说看历史上发生的事情，反思今天的事情。”

司马光对艾丽丝投来赞许的目光，轻声说：“孺子可教也。”说话间，三人已经来到了《唐纪》楼的书库，一排排的书架，整齐地码放着书籍，司马迁几个人正在向楼上搬运书籍。司马光、艾丽丝和胡闹闹也撸起袖子，开始搬书。

司马光趁着忙碌的间隙，继续给艾丽丝和胡闹闹介绍《资治通鉴》：“这部书有两个特点，值得说一说。第一个特点是我还写了《资治通鉴考异》，就是把历史记载的各种分歧，都罗列出来，然后比较分析，得出正确的结论。”

司马光喘了口气，又接着说：“第二个特点，是对历史的分析议论，叫‘史论’，我自己写了一百一十九条，引述前人九十五条。目的嘛，就是把关乎国家兴衰、百姓安危的重点，都指出来，好使读者自己评判古人的善恶得失，引以为戒。”

艾丽丝笑着说：“原来您写书的时候想了这么多，我们读书的时候也未必想到这些啊！”

一直没说话的胡闹闹忽然冒出一句：“那您觉得迁爷爷和班固爷爷，到底哪一个人的书更好？”

司马光一直气定神闲的脸，有了一丝不易察觉的变化，他干咳了一声，悄声地说：“我觉得他俩都有缺点，比较起来，太史公过于自由随意、班孟坚过于媚上轻义。”说完又偷偷地四下看看，见司马迁、班固都不在附近，才放了心。

胡闹闹先是一愣，随后便捂着嘴笑起来。

司马光略显尴尬地撇撇嘴，转头问艾丽丝：“艾丽丝小友刚才怎么想到打

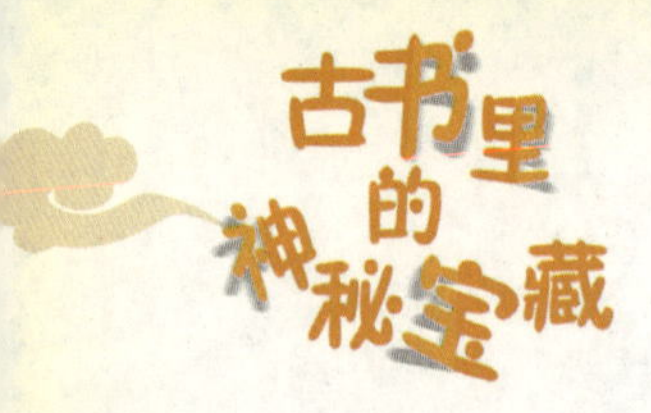

通墙壁放水的主意呢？”

艾丽丝不好意思地笑了，说：“其实我是想到了一个关于您的典故：‘司马光砸缸’，砸缸救人，砸墙救书，都是放水嘛。”

司马光听了这句话，放声大笑。这是他半天以来，第一次笑。艾丽丝心想：要让他笑还真是不容易。

这时，就听轰隆一声响，楼角一处墙壁被挖开了，地上的水瞬间向缺口流去，书库里忙碌的人们发出一阵阵欢呼。

司马光、艾丽丝胡闹闹正在楼梯上向下张望，就看见司马康从墙壁的缺口处钻了进来，他远远地看见司马光，高声喊道：“父亲大人！不好了，《通鉴纪事本末》寨有火光，可能火魔去袭击那里了！”

司马光闻言大叫一声：“不好！”

第六章

“抄来”的《通鉴纪事本末》

这里已经一片火海，几道火龙正张牙舞爪地扑向一座小楼。艾丽丝和胡闹闹不敢怠慢，腾身下了坐骑，稳稳站定，凝神静气，四只手臂同时指向空中……

司马光额头渗出了汗，说："《通鉴纪事本末》寨与这里的布局不一样，是由一大片寨子组成的，就是所谓的连营。一旦火魔发动火攻，火势会迅速蔓延，根本无法控制，这可如何是好？！"

胡闹闹也下意识地跟着说："这可如何是好？"

艾丽丝捶了一下胡闹闹的脑袋，大声说："司马大人，您派我和胡闹闹过去吧，我们俩能抵挡一阵子火势，等着大家过去救援。"

司马迁和胡闹闹同时脱口喊道："什么？怎么能挡住火势啊？！"

艾丽丝朝司马光微微一笑，拍着胸脯说："您就放心吧。现在正是《唐纪》楼存亡的关键时期，大家都走不开，只能派我们两个过去应付一下，恰好我们俩又有办法，抵挡一阵，等你们过去，没有问题。"

胡闹闹大喊："我有问题……"不等他说完，艾丽丝一把捂住了他的嘴。

司马光一跺脚，说："也罢，就拜托二位小友了。此去请多加小心，我们在半个时辰之内，一定赶过去。"

艾丽丝叫声"得令"，拉起胡闹闹就跑。两个人冲出《唐纪》楼，来到街上，就见半空中的几道水柱依然在向楼内倾灌，不过楼内的积水，已经迅速下降了，只是街道地面上的水流得到处都是。

两个人站在拥挤的人群里，茫然四顾。胡闹闹皱着眉头埋怨艾丽丝："先不说火魔了，就说眼前这么多人，咱们那辆大辒辌车肯定走不动，你说咱们怎么赶过去吧？"

艾丽丝故意用轻蔑的口气讽刺胡闹闹，说："亏你还是个男生，不会想办法吗？车走不了，不是还有马吗？我看你就是胆小害怕了，就会找借口。"

胡闹闹的确有点儿心里没底，但现在被艾丽丝将了一军，也打起了几分精神，挤开人群，把刚才司马迁幻化出的天马、西极马牵了过来，两个人踩着马镫跳上马背。这时，只见《唐纪》楼后方，有几股黑烟冒起，隐隐有火光闪动。那里就是《通鉴纪事本末》寨，两人立刻驾着马，穿过人群，飞奔而去。

跑了一会儿，胡闹闹在马背上偷偷瞄着艾丽丝，只见她神情淡定，不慌不忙。胡闹闹心里七上八下，想问问艾丽丝到底打的什么主意，又不好意思开口问，急得抓耳挠腮。

艾丽丝见时机差不多了，这才不紧不慢地开口说："我说胡闹闹，一会儿到了那边，就全看你的本事了。"

"啊？！"胡闹闹差点从马背上掉下去，忙问："你在开玩笑吧？"

艾丽丝说："快点把幻化石头的方法教给我。我们一起幻化出几块大石头，兴许还能抵挡一阵火势。"

胡闹闹松了一口气，就在马背上把幻化的基本方法教给艾丽丝，幸好这是幻化方法中最简单的一个，艾丽丝很快就掌握了要领。两个人马不停蹄地赶路，转眼间，《通鉴纪事本末》寨已经近在眼前。

这里已经一片火海，大火正张牙舞爪地扑向一座小楼。艾丽丝和胡闹闹不敢怠慢，下了马，稳稳站定，凝神静气，四只手臂同时指向空中，呼的一声，在空中幻化出一块巨石，随后哐的一声巨响，落在小楼前面，接着又有几块巨石相继幻化出来，依次落在小楼四周。就这样，烈火被巨石阵隔离了开来，小楼瞬间转危为安。

艾丽丝和胡闹闹相视一笑，忍不住给自己点了无数个赞。原来两个人在马背上已经商量好，用意念想象同样的内容，进行同一个幻化过程，集合两个人的力量，制造一块巨石，效果自然加倍。

初战告捷，两个人异常兴奋，准备再接再厉，继续制造巨石阵。他们绕着小楼朝后面走，没走几步，就发现在一座小土堆上，端坐着一个青衣文士，他手里扇着扇子，乐呵呵地看着眼前的火景。

艾丽丝一惊，拽住胡闹闹，轻声说："这个时候，这个人的表情竟然这么悠闲，肯定不是'书世界'的人，难道他是……"

"水妖、火魔中的一个？！"胡闹闹惊呼起来。

艾丽丝忙捂住他的嘴，趴在他耳边悄悄说了几句话。胡闹闹露出一脸坏笑，做了个"OK"的手势。随后，两个人迅速分开，各自行动。

胡闹闹悄悄绕到土堆旁边，先是望着天空等了一会儿，然后趁着青衣文士不注意，突然高喊一声："火魔在此！"

青衣文士一惊，猛地一回头。这时，空中一块大石，呼地落下，正砸在青衣文士的脑袋上，青衣文士闷声倒地。

艾丽丝一声欢呼，从土堆后面跳了出来。那块砸中青衣文士的石头正是艾丽丝幻化出来的，胡闹闹负责吸引青衣文士的注意力。两个人的计划成功了，高兴得手舞足蹈。

这欢呼声，引来不远处的一群人，其中几个跑过来一看，惊讶地喊道："袁先生！袁先生！您醒醒，是谁袭击了您啊？！"

"袁先生？！"艾丽丝、胡闹闹都愣住了，弱弱地指着青衣文士问："这位是，哪位袁先生啊？"

众人回答："就是写《通鉴纪事本末》的袁枢啊！"

"什么？！"艾丽丝、胡闹闹大吃一惊。

众人又是掐人中，又是喷凉水，好一番折腾，袁枢终于醒了过来。

艾丽丝和胡闹闹怯生生地来到袁枢面前，说出了前后经过，并承认了自己

的冒失，请袁枢责罚。袁枢被弄得哭笑不得，挥挥手，让围在身边的人散去，自己摇摇晃晃地站了起来。袁枢揉着自己的脑袋，问艾丽丝、胡闹闹：“你们很奇怪我为什么眼睁睁看着《通鉴纪事本末》寨被火烧，却不着急是吧？”

艾丽丝和胡闹闹一起点头。

袁枢说：“因为我这部书烧了也不会失传，这是一部不会灭绝的书。”

艾丽丝和胡闹闹对视了一眼，都露出了担心的表情。艾丽丝、胡闹闹上前一左一右扶住袁枢，轻声说：“袁先生，您先别说话，我们回去找医生治疗吧。”

袁枢被他俩气乐了，挣开两个人的手，大声说：“放心，我没被砸傻。跟我来，让你们看看《通鉴纪事本末》。”说完，晃晃悠悠地走下土堆，艾丽丝和胡闹闹小心地跟在后面，向着寨子里面走去。

这里只有很少的几个人手里抱着书，比起《资治通鉴》寨里搬书的人实在是少太多了。

艾丽丝、胡闹闹心想：这个寨子的人怎么这么不爱惜书籍啊！

袁枢从一个人的手里抽出一本书，递给艾丽丝、胡闹闹，说：“两位小友，你们看看这本书。”

艾丽丝、胡闹闹接过来，翻开一看。这不过是一本目录，写着“全书四十二卷”，分“战国至秦”“两汉”“魏晋南北朝”和“隋唐五代”四部分，下面还有“三家分晋”“秦并六国”“豪杰亡秦”“高帝灭楚”等字样。艾丽丝说：“这是什么？您没来得及从火中抢救书籍正文吗？只搬出了这些目录？”

袁枢慢悠悠地扇着扇子，说：“温国公的《资治通鉴》是编年体，编年体史书的毛病就是，在同一年里，记载了很多事，人们一件史事看没完，又看另一件事，顾此失彼，不知就里。”

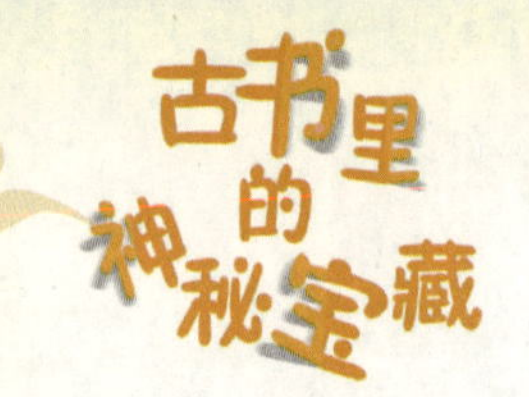

艾丽丝说："颜老师给我们讲秦始皇统一六国的故事，讲了好几个星期，讲到最后，我们都快把之前的知识忘掉了。"

袁枢说："不错，比如说秦朝统一，是从公元前230年至公元前221年，秦国逐个消灭掉韩、赵、魏、楚、燕、齐六国，最终统一全国的史事。在《资治通鉴》书中，分散在第六卷到第七卷中。这样写，最大的问题是：为什么秦国能从此时开始展开统一事业？这个问题，只能靠读者自己思考。那么该怎么纠正这个问题呢？"

胡闹闹大声喊："去问光爷爷！"

艾丽丝讽刺地说："是啊，买一部《资治通鉴》，搭配一个作者讲解。"

袁枢哈哈一笑，说："我写的书，首先确立标题'秦灭六国'，概括出全文的内容。接着从秦孝公继位开始写起，提到秦国富强的最大原因'商鞅变法'。以此为基础，叙述秦国发动'连横'，分化、破坏六国的'合纵'。最终通过发动一系列兼并战争，完成统一事业。"

艾丽丝沉思着说："就是把分散在各个章节里面的关于这个历史事件的记载，都挑出来，凑在一起。"

袁枢用扇子拍打手掌，给艾丽丝叫好："正是如此。我的《通鉴纪事本末》就是这么来的，我直接抄出《资治通鉴》中记载的事情，列出标题，分类排列。后来一算，总共记了二百三十九件史事，还有附录的六十六件事。所以说，《通鉴纪事本末》就是完全以记叙事情为主线，叫'纪事本末'，详细地写出每一件史事的开始、发展和结束，这种写法，就被后世叫作'纪事本末体'了。"

艾丽丝还在琢磨，胡闹闹却露出不屑的表情，直接说："原来是抄的啊，怪不得您不着急，烧了也白烧，只要有《资治通鉴》在，您随时可以再抄……"

“不对，”艾丽丝打断胡闹闹，“纪传体以人物为中心，如果同一件事，有很多人参与，那么就会重复记叙。编年体以时间为中心，同一件事，又会分散。所以您创造的纪事本末体以事件为中心，正好弥补了纪传体和编年体的不足，是一项很伟大的创造吧！”

胡闹闹睁大了眼睛，不可思议地看看艾丽丝，又看看袁枢，迟疑地问：“真的这么厉害？”

袁枢摆摆手，说：“过奖、过奖，虽然后世的确有人评价我的书‘文省于纪传，事豁于编年’。意思是比纪传体简练、比编年体清晰，不过，所谓金无足赤，不论是我的《通鉴纪事本末》，还是其他的纪事本末体史书，也都有缺点。”

说着，袁枢又打开扇子扇了起来，虽然火势一直没有减弱，但是袁枢始终胸有成竹，并没有一丝慌张，不知他葫芦里卖的什么药。只听他又说道：“一部纪事本末体史书写的好不好，首先看标题，历史上的事件千千万万，标题最能够反映那个时代的特点，这一点最考察作者的功力。”

艾丽丝忍不住问：“他们对您的《通鉴纪事本末》评价怎么样，是好还是不好？”

袁枢正色地说：“实不相瞒，有些人对《通鉴纪事本末》评价甚高，比如当时的皇帝宋孝宗就说这本书‘治道尽在是矣。’但是，我得承认，我的书几乎都是政治的内容，而历史其实是由政治、经济、文化三方面组成的，我也没有全部概括到。”

艾丽丝若有所悟地对袁枢说：“您的意思是，《资治通鉴》书里没有的，您的书也没有；《资治通鉴》书里有的，您的书不一定有。对吗？”

袁枢回答：“确实如此。纪事本末体史书列出来标题之后，这些事件之间的联系就很难完全展示，对整个历史发展，也很难进行全景式地勾勒。”

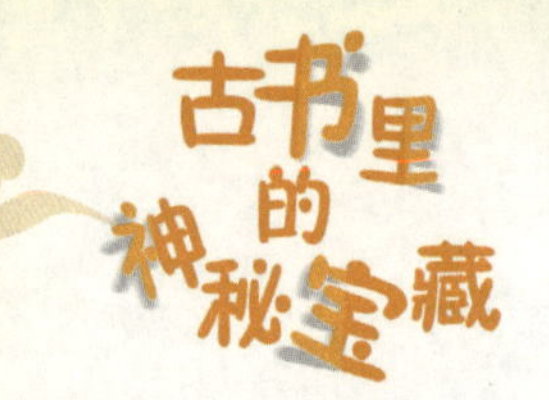

胡闹闹嘟囔了一句："还不是因为你是抄的……"

艾丽丝瞪了他一眼，充满敬意地对袁枢说："袁先生，我感觉到您是真正喜欢历史的人，正因为喜欢历史，您才会想办法纠正纪传体和编年体的毛病。我觉得您很了不起，因为您创立了一种新的历史书体裁。"

袁枢笑呵呵地说："走，我领你们去见见我的同伴们。"

胡闹闹一听就急了，一蹦三尺高，叫道："'抄爷爷'，这里火势这么大，您都不着急？还领着我们闲逛？！"

袁枢听到自己被胡闹闹叫作"抄爷爷"，愣了愣，随即说："不妨事，不妨事。一则我已经搬出了目录，可以以后再恢复《通鉴纪事本末》，二则现在更应该去帮助我那些同伴们抵御火魔，三则……我还有一条对付水妖、火魔的锦囊妙计，差不多也是时候施展了。"

于是，三个人随着人群，迅速离开了大火中的《通鉴纪事本末》寨。走了一段路程，就见迎面过来一群人。走在前面的几个文人书生，有高有矮，有胖有瘦，争先恐后地奔向袁枢，询问情况。

袁枢与众人一一谈话，艾丽丝、胡闹闹站在一旁。

艾丽丝小声对胡闹闹说："我说你呀，别再叫'抄爷爷'了，多不礼貌。"

胡闹闹说："好吧，那我该叫他什么呢……"

两个人正在说话，就听袁枢招呼他们过去："艾丽丝小友、胡闹闹小友，你们过来。"艾丽丝、胡闹闹忙走到袁枢身边。

袁枢边走边指着周围向他们介绍："两位小友，现在我给你们介绍我的这些同伴。这位是杨仲良，他写的书是《皇宋通鉴长编纪事本末》。这部书可不得了，可以补充著名的记载北宋历史的史书《续资治通鉴长编》，是一等一的史

学名著。”

·知识锦囊·

南宋李焘撰写的《续资治通鉴长编》一书，记载北宋九朝一百六十八年史事。因为李焘十分推崇司马光，所以他谦称自己的书只达到司马光《资治通鉴》一书草稿的水平，即“长编”，故而名之。

不过该书北宋后期神宗、哲宗、徽宗、钦宗部分散佚，幸亏杨仲良曾经把李焘原书改写成纪事本末体《皇宋通鉴长编纪事本末》，才使得这部分丢失的内容，得以保存。

艾丽丝、胡闹闹忙向杨仲良鞠躬问好，杨仲良一个劲夸赞两个人能干。

袁枢接着说：“这位是陈邦瞻，他是明朝人，学问极好。他写了两部书《宋史纪事本末》和《元史纪事本末》，想要读《宋史》《辽史》《金史》《元史》，不妨先读他的书。”

陈邦瞻是个腼腆书生，被袁枢一夸，自己先脸红了。艾丽丝、胡闹闹看着觉得有趣。

“这一位是清朝人古应泰，”袁枢指着一个中年人说，“他的书叫《明史纪事本末》，胡闹闹小友，这次你可不要乱说，他的书可不是抄的，是自己创作的，成书在《明史》之前，很厉害哦。”

胡闹闹说：“原来你们‘纪事本末体’不全是抄的啊。”一句话把大家都逗乐了。

袁枢又指着一个文士说：“这位是马骕，他写的书是我们当中，规模最大的一部，叫《绎史》，这是一部从开天辟地写到秦末的纪事本末体史书，同时也掺杂了纪传体、编年体的形式，资料丰富，极具特色。”

艾丽丝说：“袁先生，就是说纪事本末体史书叙述最清晰，要看中国古代

各朝代的史书，不妨先看纪事本末体史书，对吗？”

袁枢和众人一起点头，欣慰地说：“这正是我们编纂纪事本末体史书的目的啊。”

胡闹闹东张西望了一阵，问袁枢：“抄……袁先生，我们这是去哪里啊？”

袁枢扇着扇子，不答反问：“胡闹闹小友，你们刚才摆的巨石阵，的确能够防火，可是我问你啊：怎么灭火呢？”

胡闹闹说：“那怎么灭的了啊，跑呗！”

袁枢笑了，说：“我们现在就去找既会防火、又能灭火的人。”

艾丽丝、胡闹闹同时凑过来问：“谁这么大能耐啊？”

袁枢答：“子部书城的墨子。”

第七章

科学家墨子和他的《墨子》

这些人都穿着黑色短衣，脚上穿着草鞋，手里握着长矛、刀叉等长短兵器。一个个表情严肃，不言不语地盯着艾丽丝他们。

胡闹闹问："子部？墨子？难不成都是孔子的兄弟们写的书？"

艾丽丝不得不再一次纠正胡闹闹："又胡说。子部是'四部分类法'中第三部，专收先秦儒家、墨家、法家等'诸子百家'书籍，以及艺术、谱录类书籍。"

胡闹闹撇了撇嘴，说："'诸子百家'啊，那不就是说有很多人嘛，看样子，这个墨子也不怎么厉害嘛。"

袁枢回答："这个恰恰就说错了。墨子是比孔子稍晚时代的人，影响极大。战国时代，在后来一统天下的法家崛起以前，儒家、墨家是当时影响最大、声名最显赫的两大学派，被一起称为'显学'。在当时的'百家争鸣'中，有'非儒即墨'的说法。墨家一直存在到西汉，才逐渐消失。"

胡闹闹一听到这句话，马上说："是吧，最后还不是没有了？肯定还是不够厉害。"

袁枢指着马骕说："先秦这段历史，马兄最熟悉，不如由马兄给两位小友讲讲吧。"

于是，马骕接过话茬，对胡闹闹说："墨子名叫翟，是春秋末、战国初的宋国人。他是春秋时期宋国国君宋襄公的哥哥公子目夷的后代，不过到墨子

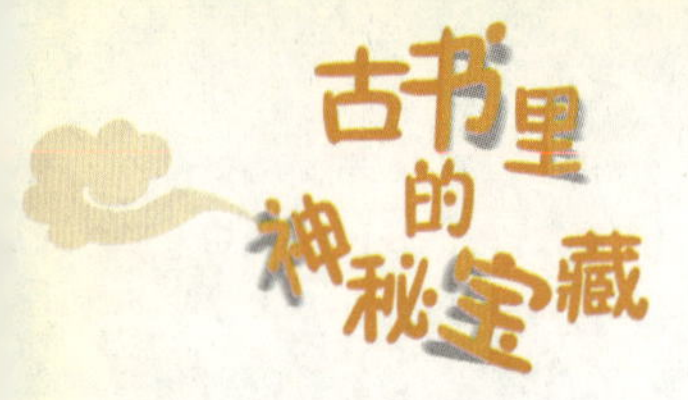

出生的时候，他的家族早已经没落，所以，墨子是‘诸子百家’中唯一出身于平民的人。墨子最重要的贡献是创立了墨家学派，而且，他是战国时期著名的思想家、教育家、科学家和军事家——他会的技艺，可能比孔子还多哦。”

“比孔子懂得还多？我不信。”这次轮到艾丽丝表示怀疑了，在她心中，孔子还是那个可亲可敬的怪老头，说有人比他懂得还多，艾丽丝心里一万个不愿意。

马骕继续说：“墨子创立了墨家学说，墨家在先秦时期影响很大。说墨子比孔子懂得多，是因为在墨子的学说里，包含有几何学、物理学、光学等内容，在你们的世界里，这叫作自然科学理论。这一点，的确是领先时代。墨子的弟子们根据墨子的生平事迹、思想言论，编成了《墨子》一书，这些内容都写进了这本书中。”

说到这里，艾丽丝和胡闹闹终于有点相信墨子的能耐了。胡闹闹甚至想立刻见到墨子，他问：“那么，这位墨爷爷是怎么学到这么多知识的呢？”

“这个问题问得好，”马骕忍不住夸了胡闹闹一句，“这跟墨子的经历有关，他自称‘鄙人’，也被人称为‘布衣之士’。身为普通老百姓，就必须学习几门手艺养活自己。墨子在少年时做过牧童，还学过木工。他很爱动脑子，所以手艺精湛，后来他跟当时著名的能工巧匠鲁班有过一番比试，墨子设计制作攻城器械，鲁班设计制作守城器械。比试的结果，是墨子获得了胜利。”

艾丽丝和胡闹闹脱口而出：“好厉害！”

马骕接着说：“墨子毕竟是没落贵族的后裔，他肯定也接受了基本的礼仪文化教育，司马迁的《史记》里说墨子曾经被宋国国君宋昭公任命为大夫。后来他不做官了，以平民的身份，到天下各地游学。他的行迹很广，向东到过齐国，向北到过郑国、卫国。一开始，他选择跟从当时最大的学派儒家学习《诗经》《春秋》等儒家典籍，推崇尧、舜、周公等历史名人，宣扬礼乐文化。总之，墨子是一个具有相当程度文化知识的人。”

“等一下，照您这么说，墨子是儒家学派才对啊。”一向敏锐的艾丽丝又发现了问题。

马骕进一步解释说：“墨子是个有思想、有观点、有阅历的人，在学习过程中，他与儒家学说产生了分歧，主要有两点：第一是儒家不讲怪、力、乱、神，但是墨子是宋国人，宋国是周天子封给商朝后裔的封地，商朝本来就讲祖先鬼神，因此，墨子相信鬼神的存在，不赞同儒家的观点。”

艾丽丝说：“对，孔夫子也这么说。”

马骕接着说：“第二是儒家讲究厚葬和礼乐，可是墨子是平民出身，他觉得儒家这一套观念，是为贵族服务，不符合平民的生活条件，是假仁爱。于是，墨子就开始提出自己的‘兼爱’观念，其实就是儒家的仁爱，但是墨子用自己的语言，重新进行了阐述。这样一来，墨子就最终脱离了儒学，创立了自己的墨学。他在各地聚众讲学，广收弟子，宣传自己的仁政理念，认为儒学是虚伪的，抨击诸侯国发动的不义战争。这引起了大量农、工、商和下层士人的共鸣，他们开始追随墨子，普通的亲信弟子达到数百人之多，就这样逐步形成了声势浩大的墨家学派。”

胡闹闹说：“墨子既有能耐，又有学问，肯定干出了一番大事业吧！”

马骕沉吟片刻说：“的确如此，就拿他反战的主张来说，他阻止过鲁阳文君攻打郑国，还制止了楚国攻击宋国，即便是在他晚年，他还去齐国劝阻项子牛不要进攻鲁国，可惜这次没有成功。最难能可贵的是，墨子多次拒绝各国国

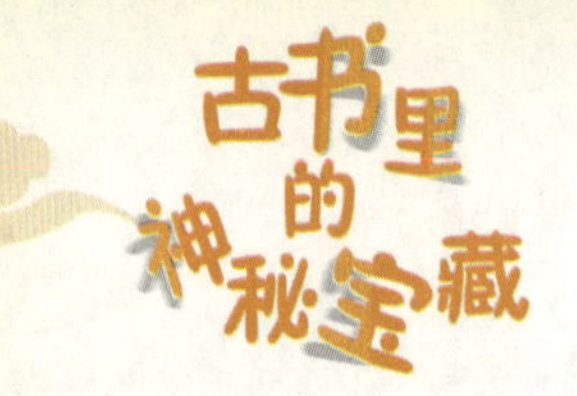

君的封赏，他拒绝过楚惠王的封赏，还离开了楚国。之后，越王邀请墨子去做官。但是墨子提出要越王听从自己的政治抱负和思想主张，而不计较功名爵禄，就遭到了越王的拒绝。”

“给钱都不要？”胡闹闹觉得不可思议。

艾丽丝却说：“你以为谁都跟你一样？那是因为墨子有更高的理想和追求。”

马骕赞赏地朝艾丽丝点点头，说：“墨子在《墨子》书中为不同的国家制定了不同的施政方略，比方说，如果这个国家政治混乱，就要尚同、尚贤。尚同的意思是平民百姓向地方官员学习、地方官员向中央官员学习、中央官员向君主学习。如此一来，要想把一个国家假设成为和平安乐的幸福国度，必须要保证在位君主，由他开始以身作则，全国才会上行下效。

“如果君主暴虐昏庸，那么全国都是乱臣贼子，就要天下大乱。当然了，谁都希望国家繁荣安乐，在国君来说，就应该尚贤，制定仁政，实行善政，那么全国民众都是守法良民，就举国太平了。

“墨子提出的方案很多，除了刚才说的尚贤、尚同，还有八条，一共是十条，叫作墨家十大主张。可惜今天没时间了，只好等以后再跟你们细说。”

·知识锦囊·

墨家其他主张还有：兼爱、非攻、天志、明鬼、非乐、非命、节用、节葬。

“兼爱”是博爱，不论阶级出身、远近亲疏，都要爱；“非攻”是不发动战争；“天志”是来自上天的规则、法律；“明鬼”是承认鬼神存在，能对人间善恶进行赏罚；“非乐”是反对音乐；“非命”是反对相信天意，强调事在人为；“节用”是提倡节俭，爱惜民力；“节葬”是反对厚葬。

艾丽丝和胡闹闹仔细体会这番道理，觉得蕴含着无尽的深意。众人一边说话一边走路，路途虽长，也不觉得烦闷，眨眼之间，他们已经进入了子部书城。这里与安静平和的经部书城、热闹活跃的史部书城截然不同，道路上看不见人影，院落、城墙都静悄悄的，但是又不像废弃之地，反而是井井有条，很是奇怪。

众人走进城门，见道路中央竖着一个旗杆，旗杆上挂着一面旗，旗上好像写着两个字，因为随风上下摆动，他们谁也看不清楚写的是什么。

胡闹闹跑过去，站在旗杆下，眯着眼睛仔细看了半天，回头朝着大家道："我看清楚了，上面写的是'巨子'，咱们走错了吗？这里不是墨子的地方啊。"

袁枢等人在后面一听，急忙招呼胡闹闹："快回来，千万别乱动。"

胡闹闹被这喊声吓了一跳，一抬胳膊，正好碰到身边的旗杆，旗杆轰然倒在了地上。刹那间，从院落里、城墙后、壕沟中，突然跃出数百个青壮年，手里举着各种武器、工具，将众人团团围住。

艾丽丝吃了一惊，赶忙转向袁枢求助，却看见袁枢不停地朝她挤眼并摆手，示意她不要说话，艾丽丝不由得更加紧张了。此时，艾丽丝隐约听到人群中传来一阵哭喊的声音，是胡闹闹。一瞬间，她脸色惨白。

这些人身穿黑色短衣，脚蹬草鞋，手握长矛、刀叉等长短兵器。一个个表情严肃地盯着艾丽丝他们。

袁枢小声对艾丽丝说："千万别乱说乱动，这些人都是'墨者'，非常厉害。"

艾丽丝颤着声问："他们……'墨者'是坏人吗？"

马骕身子稍稍向前，挡在艾丽丝前面，说："墨家是一个有严密组织纪律的宗教团体，墨家的最高领袖称为'巨子'，墨家的成员称为'墨者'，所有墨者平时听巨子教诲、战时听巨子指挥，所以他们是一个军事集团，有着十分强大的战斗力。"

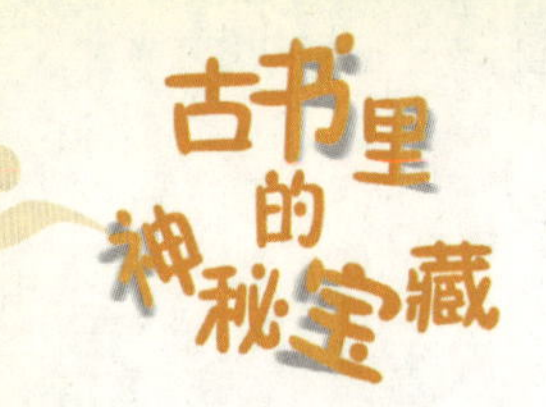

双方正在对峙，墨者的队伍忽然分成了两半，中间走出一个高大健壮的大汉，他的年纪已经不轻了，但是腰板挺直，肌肉结实，粗大的手掌上布满老茧。他身上穿的也是黑色短衣襟，头上随便包着一块头巾。虽然衣着普通，但是器宇轩昂，双目炯炯有神。

袁枢一见来人，马上喊道："墨大哥！火魔进攻《通鉴纪事本末》寨，我们来你这里避难了。"

墨子目光一闪，朗声说："袁小弟受惊了。这次为何如此鲁莽啊，竟然碰翻了'巨子'旗，我还以为是外人闯了进来。"说罢一挥手，墨者们立刻收起手中兵器，亲切地招呼袁枢等人进城。

袁枢等人走过去与墨子谈话。艾丽丝惊魂未定，拉着马骕的衣袖不敢松开。马骕安慰她说："墨子是第一任巨子，后来的巨子有孟胜、田襄子、腹䵍等人。墨者以吃苦耐劳为荣，都穿短衣、蹬草鞋。墨家由巨子执行严格的'墨子之法'，所有墨者都不能违背，否则巨子有权将他处死。

"据说巨子腹䵍住在秦国，他的儿子杀了人，应该判处死刑，这时，秦惠王说腹䵍已经年老了，又只有一个儿子，就下令不杀。可是腹䵍却说，'墨者之法'规定'杀人者死，伤人者刑'。这是为了禁止人们任意杀人越货、违法乱纪，是天下的大义，不能因小失大。他支持秦惠王杀死自己的儿子。巨子对待自己的儿子尚且如此，可想而知，墨家纪律的森严程度。"

艾丽丝啧啧称叹，却不知怎么评价。

马骕低声说："袁兄刚才一再嘱咐你们不要乱说乱动，正是因为如此。'墨者'训练有素、能征善战，是一个很危险的武装集团。他们认准的事情，即便不符合公理正义，只要符合侠义精神，他们就会一诺千金，不计后果，敢于

为他人牺牲生命。

“当时在楚国，贵族阳城君等人因为杀害了进行变法改革的吴起，遭到新国君追捕。这时墨家巨子孟胜因为与阳城君有结交之情，而坚定地支持阳城君。后来阳城君逃回自己的封国，抵抗楚国国君。孟胜知道阳城君这是叛乱行为，但是依然信守约定。他先传巨子给田襄子，然后为阳城君力战而死，许多墨者也自愿跟从孟胜战死。”

艾丽丝听了，冷汗直流，她突然着急起来：“那，那个，刚才胡闹闹被他们抓走了，会不会……”

马骕一听也急了，忙拉着艾丽丝，挤出人群，来到墨子、袁枢跟前。艾丽丝带着哭腔哀求墨子放了胡闹闹，说着就流下了眼泪。

墨子抚摸着艾丽丝的头发，轻声说：“不要哭，你看胡闹闹小公子不就好端端地在那里吗？”

艾丽丝向墨子手指的方向一看，只见胡闹闹正和几个墨者聊得火热，还拿着人家手里的兵器摆弄，气得艾丽丝差点跳起来。

袁枢哈哈一笑，扇着扇子，说：“艾丽丝小友，你们的经历我方才已经跟墨大哥说过了，放心吧，来到这里，就安全无忧了。”

说话间，众人已经步入城中。墨子下达一系列指令，安排好从《通鉴纪事本末》寨来的人和书。然后，招呼袁枢等人，一起登上城楼。艾丽丝和胡闹闹随着墨子上了城楼，只见城楼上旌旗招展、刀剑出鞘，滚木礌石、鹿角拒马排列得井然有序。城墙内外防守人员众多，但是各司其职，各就各位。

袁枢禁不住感慨地说：“墨大哥提倡‘非攻’，其实对军事指挥，尤其是守备御敌之道，十分清楚啊。”随行众人都点头称是。

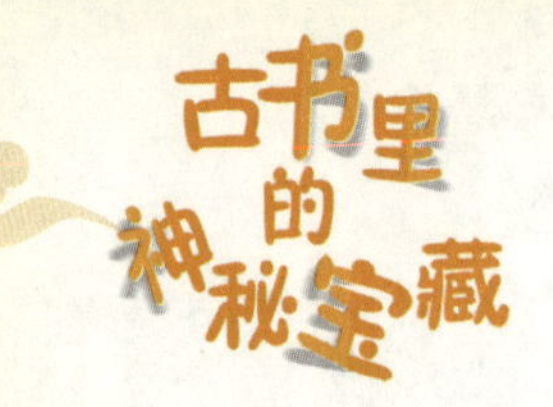

墨子并没有得意的神情，他对艾丽丝、胡闹闹说："水妖、火魔就要来了，我也无暇跟两位小友细说，只能简单地讲一下墨家著作《墨子》。这部书原有七十一篇，到宋代以后，只剩下五十三篇。这部书不是我写的，是历代'墨者'弟子记录、整理、撰写的墨家学派的重要思想学说。"

胡闹闹带着崇拜的神情说："都说您懂得特别多。"

墨子依然不动声色，继续说："《墨子》这部书的内容可以分成两部分：一部分是记载我的生平事迹，通过我的言行，表现墨家学说的渊源、形成过程；另一部分是墨辩也叫墨经，这部分内容着重阐述墨家学说特有的哲学思想，叫作墨辩逻辑，被后世称为'世界古代三大逻辑体系'之一。同时，还包含了一些在你们的世界里，称为自然科学的内容，像天文、数学、光学和力学……"

艾丽丝有些不相信地问："您研究了哪些科学啊？"

墨子回答："在光学方面，我论证了光沿直线前进的原理，还提到了平面镜、凹面镜、球面镜成像的情况。最重要的发现，还应该是我第一次描述了光线通过小孔，形成倒像的现象；在数学方面，我比较完整地论述了圆的定义；在力学方面，我研究过力和重量的关系。这些成果经过了两千多年，仍然是人们研究的对象。"

艾丽丝、胡闹闹听得目瞪口呆。艾丽丝奇怪地问："这里面也没有讲打仗啊。"

墨子说："你说的是《墨子》中的'城守各篇'，包括《备城门》《备高临》《备梯》《备水》《备突》《备穴》《备蛾傅》《迎敌祠》《旗帜》《号令》和《杂守》共十一篇。这里面主要是写守城的器具等军事技术方面的内容，不过也多少包含一些兵法战术的内容。"

停了一停，墨子又轻描淡写地说："实不相瞒，一会儿与水妖、火魔决战的

战场，就是这里。因为我这里可能是‘书世界’守备最完善的地方了。”

“决、决战？”艾丽丝、胡闹闹简直不敢相信自己的耳朵。胡闹闹只觉得眼冒金星，紧张得大脑都缺氧了。倒是艾丽丝异常镇定，她担心地问：“墨子爷爷，您是很擅长守城，可是进攻……可怎么办？”

墨子赞许地看着艾丽丝说：“艾丽丝小友果然思维敏锐，说到如何进攻水妖、火魔……”

话音未落，忽然一阵狂风吹起，只见远处旷野上，升起两团龙卷风，片刻之间，两团龙卷风已经冲到城楼近前。艾丽丝、胡闹闹仔细一看，原来不是龙卷风，而是两道急速旋转的水柱、火柱。

城楼上众人一阵惊呼：“是水妖、火魔！”

古书里的神秘宝藏

第八章

《孙子兵法》显神威

艾丽丝、胡闹闹亲眼见证了孙子的这场战役,回想起自己之前对付水妖、火魔时的狼狈相,对孙子运筹帷幄、指挥作战的能力,简直佩服得五体投地。

墨子挺身向前，把手中的巨子旗向空中一挥，大喝一声：“来得好！各队准备！”

墨子话音刚落，旋转火柱中，飞出四道火龙，沿着地面，迅速扑向城门，火苗沿途蔓延开来，霎时在城门正前方，燃起一片火海。

城楼上众人顿时变了脸色，看来火魔是要直接攻击城门。胡闹闹既紧张又兴奋地跺了跺脚，艾丽丝也攥紧了拳头，目不转睛地盯着前方。

然而，“墨者”的应对有条不紊，只见城楼上伸出十几支长钩镰枪，每支枪都由四五个人操纵，在火势蔓延的地面上，快速刨出条条沟壑，同时将地面上的杂草等清理干净，这样就将火海分割成大大小小几十块区域，本来是燎原的火海，被分割成小块之后，很快火势就减弱了。

艾丽丝、胡闹闹看得出神，正要鼓掌叫好。谁知旋转火柱仿佛是有意识的人，见地面进攻无效，又弹射出无数个火球，从半空中呼呼地飞向城楼。胡闹闹吓得尖叫一声，抱头钻到了桌子底下。

眼见几个火球就要飞上城楼，这时，墨子把巨子旗向右挥舞了三下。就见城楼上，猛地支起几十面牛皮帷幕——都是用粗线把几块牛皮缝制在一起，牢牢地捆绑在几丈高的木框上。这些立起来的牛皮帷幕，仿佛瞬间将城墙升高了几丈。火球扑扑地砸在上面，还没有起火，就被反弹回地面，不久就熄灭了。而且，最厉害的是，这些牛皮帷幕还可以移动，个别几个火球角度刁钻，越过了帷幕的高度，这些帷幕还能随之抬高、转向，依然能够拦截火球。几个回合下来，火魔发射的火球，只有零星几个越过牛皮帷幕，击中了城楼，墨者迅速用土、水将火扑灭。火魔的地面、半空连番进攻，都被墨者轻易化解。

旋转火柱攻势一停，水柱立刻发动进攻，密集的雨点像炮弹一样，以雷霆万钧之势砸向城楼，这些水一旦倾泻进城楼里，谁也无法再站在城楼上指挥作战。胡闹闹见火球被挡住，刚刚从桌下探出头，一见大雨倾盆，当即又缩了回去。

墨者见雨势渐起，忙将牛皮帷幕升高，同时调整角度，形成一个平面，像伞一样罩住了城楼。这些牛皮帷幕是倾斜的，雨水浇到上面，就滑下了城楼，落进了护城河里。墨子告诉艾丽丝，护城河也早已经过了改造，可以直接把水排走。

一阵暴雨过后，城楼上众人安然无恙，仿佛是正在雨中观景，颇有几分雅致。胡闹闹站在城垛上，指着水妖、火魔哈哈大笑。

城外旋转的水柱、火柱没有办法，又转移阵地，

向城墙其他位置发起进攻，但是墨者的守城工具，都是活动的，每次都能迅速架设妥当，展开防御。半天下来，水妖的水，反倒浇灭了不少火魔的火。

终于，水妖、火魔的气势减弱，在城外飘移游荡，不再发力猛攻，城上众人也终于缓了一口气。

胡闹闹望着城外的水柱、火柱，不无遗憾地说："可惜啊，这时候我真想提刀上马，冲出去与他们决一死战。"

墨子正在指挥众人救助伤员、修补破损的城墙和牛皮帷幕，听了胡闹闹的话，就说："胡闹闹小友所言甚是，这场战争刚刚开始，接下来就是该我们反攻了，不知胡闹闹小友可有兴趣，随我们一起上阵厮杀？"

"没有！"胡闹闹把头摇得像拨浪鼓，又好奇地问："墨爷爷您真的要开城门出战吗？"

墨子手捋短须，说："不出战如何消灭水妖和火魔？不过出战的不是我们，是子部书城的《武经七书》部队。你瞧！"说着手向远处一指。

胡闹闹定睛一看，那里果然出现了一支骑兵部队，他们人数不多，也没有旗帜，但是行动非常快捷，如一支利箭，直奔水妖、火魔的方位而去。

胡闹闹和艾丽丝顿时被这支部队吸引了。这时，墨子走过来，说："《武经七书》是子部书城中兵家学说的精华，就是春秋时代孙武的《孙子兵法》、战国时代吴起的《吴子》、西周姜子牙的《六韬》、战国时代司马穰苴的《司马法》、秦末汉初黄石公的《三略》、秦朝尉缭的《尉缭子》和唐朝李靖《李卫公问对》七部兵法书，其中最重要的，当然就是被唐太宗赞誉为'观诸兵书，无出孙武'的《孙子兵法》。"

·知 识 锦 囊·

《武经七书》是北宋时朝廷颁行的军事理论丛书，是当时开设的“武学”的教材。

《吴子》据传为战国初期吴起所作，在历史上与《孙子兵法》齐名，并称“孙吴兵法”；《六韬》相传是西周姜太公所作，其实是战国时期道家学派著作，其中部分内容为兵法；《司马法》成书在《孙子兵法》之前，主要讲述军礼；《三略》主要讲解战略；《尉缭子》有法家思想，讲述军事、政治、经济的关系；《李卫公问对》署名是唐朝名将李靖所撰，继承和发展了《孙子兵法》的思想。

见艾丽丝和胡闹闹露出困惑的表情，墨子又接着说：“孙武，是春秋时期齐国乐安人，字长卿，被后世尊称‘兵圣’。他的著作《孙子兵法》十三篇，又名《孙武兵法》《吴孙子》等，是现存中国最早、也是世界最早的军事著作，历来被后世军事家看重，在宋代，被官方定为《武经七书》之首。而且，孙武不只是个理论家，还是一代名将。当时，他被伍子胥推荐给吴王阖闾，孙武献上《孙子兵法》，立刻被任命为将军。率领吴国军队大败称霸上百年的楚国大军，占领了楚国都城郢城，几乎灭掉了楚国。”

艾丽丝、胡闹闹夸张地瞪圆了眼睛。

这时，城外《武经七书》骑兵部队已经逼近了水妖、火魔，他们的队形始终整齐有序，虽然几次改变路线，迂回行动，但是全体没有一丝慌乱。

艾丽丝担心地问：“他们这么靠近水妖和火魔，万一被正面击中怎么办？”

墨子也解释不清楚，自言自语地说：“或许只有孙子自己知道他们要干什么吧。”

“如果墨大哥也猜不出来，那还有谁明白呢？”城下传来一声响亮的招呼。墨子、艾丽丝、胡闹闹趴在垛口上向下一看，就见城门外来了一匹白马，马上端坐着一个意气风发的老者，正仰着头笑盈盈地向城头上张望。

墨子高兴的大声喊道："孙将军，快上来，我们都眼巴巴地盼着你呢。"艾丽丝、胡闹闹这才明白过来，眼前这位老者就是大军事家孙子。

不一会儿，孙子风尘仆仆地登上了城楼，墨子、袁枢、艾丽丝、胡闹闹等人马上把他团团围住，询问城外的情况。

胡闹闹嘴快，摇晃着孙子的衣袖问："孙爷爷，您怎么把那支《武经七书》部队送到了水妖和火魔的眼皮底下，多危险哪！"

孙子依旧面带笑容说："胡闹闹小友，别急，待我慢慢道来……"

听到孙子随口说出自己的名字，胡闹闹更加奇怪了，问："您怎么认识我？"

孙子故作神秘地说："我当然认识你，我不但认识你，还认识艾丽丝小友，不过，要问我怎么知道你们的……你们往那儿看。"说着手指城外，众人随着孙子手指的方向往城外望去，只见城外升起一大片烟尘，由远及近，奔过来一大群人马，当先领头的就是孔子、司马迁、班固、司马光、司马康等人。原来是经部书城和史部书城众人赶过来增援了。

艾丽丝和胡闹闹兴奋地朝着他们招手，大声呼喊。孙子手扶着城垛口，对艾丽丝、胡闹闹说："现在就是决战时刻了，两位小友待会儿可要看仔细，我是怎么用《孙子兵法》消灭他们的。"

这时，城外的《武经七书》部队已经非常接近水妖、火魔了。那两团旋转的水柱、火柱也在随着他们的运动而改变着方位。有几次，这支骑兵几乎是贴着水柱、火柱，擦身而过，险象环生。

艾丽丝着急地说："孙将军，快让这支《武经七书》骑兵回到城里吧，这样太危险了。"

孙子没有回答，反问艾丽丝："艾丽丝小友，你说火最怕什么？"

艾丽丝不假思索地说："当然是水了。"

孙子说："正是，你看那两团旋转的水柱、火柱，也就是水妖、火魔，二者中间始终保持着一定的距离，这就表示他们不能靠得太近，否则会反噬其身。现在你再看《武经七书》骑兵的运动，可有什么发现？"

艾丽丝仔细看了一会儿，恍然大悟地说："难道《武经七书》骑兵故意在水妖、火魔中间游走，是在有意拉近他们的距离？"

这时，一直漂移不定的水妖、火魔突然对《武经七书》骑兵发动了攻击，几道水柱持续地射向地面，发出阵阵巨响，仿佛陨石降落。但是《武经七书》骑兵的反应更快，在水柱落到他们面前的瞬间，他们的队伍就会分散，如此几个回合下来，水妖的攻击不但没有阻止《武经七书》骑兵的运动，还在原地留下了几个大水坑，这恰恰使火魔的运动受到了限制，只能在几个水坑之间运动，威力大减。

看到这种形势，孙子在城楼上大喊："发信号！"城楼上顿时鼓声大作，楼上楼下的众人一起吆喝起来。

远处的《武经七书》骑兵听到信号立刻整理队形，向着水妖直逼过去。水妖加快发射水柱，有几个骑兵被击中跌下马来，但是大多数骑兵还是顺利接近了水妖。眼看《武经七书》骑兵就该对水妖发动攻击了，在千钧一发的时刻，骑兵们突然向后撤去，掉头向火魔冲了过去。

艾丽丝和胡闹闹以为行动失败了，长叹一声："可惜！"话音未落，就见水妖不顾一切地向《武经七书》骑兵压了过去。而骑兵们冲到火魔面前，又一次突然散开，化整为零，以单人匹马的形式向四外散去。水妖巨大的身躯以及喷射出来的水柱，都射到了火魔身上，两团巨大的旋转水柱和火柱，就这样撞到了一起。

城楼上的艾丽丝和胡闹闹看得惊魂未定，这时，就听孙子第二次下达命令：“发动总攻！”

顿时，城外经部书城、史部书城的众人，立刻向水妖和火魔涌去，他们每个人身上都背负着一个麻袋，里面填满了土块。众人借助着马匹的冲力，奋力向水妖、火魔所在方位掷出麻袋，然后迅速掉头撤回。只见无数只大小不一的麻袋，黑压压地砸向了水妖、火魔。转眼，一座小土山就出现在视野之中，把水妖、火魔盖了个严实。之前还在耀武扬威的两团水柱、火柱，就这样消失于无形了。

艾丽丝、胡闹闹亲眼见证了孙子指挥的这场战役，回想起自己之前对付水妖、火魔时的狼狈相，对孙子运筹帷幄、指挥作战的能力，简直佩服得五体投地。

胡闹闹说：“孙爷爷，您真是神通广大、法力无边啊？”

孙子笑了，说：“其实我想到的，你们也能想得到。第一点，刚才艾丽丝小友不是说火怕水吗？这其实就是我在《孙子兵法》里面写的‘知己知彼，百战百胜’。第二点，要消灭敌人，就要让他们互相伤害，否则人力怎么能战胜妖魔呢？这也是《孙子兵法》里写的‘避实而击虚’。”

艾丽丝叹服着说：“这部书简直就是一本‘军事宝典’啊？”

孙子回答：“其实我这部《孙子兵法》，一共才写了六千个字，全书包括十三篇，分别是《计篇》《作战篇》《谋攻篇》《形篇》《势篇》《军争篇》《变篇》《行军篇》《地形篇》《地篇》《火攻篇》《用间篇》。”

艾丽丝点着头，说：“我知道您的书也叫《孙子十三篇》。不过这些名字太抽象了，都很难理解。”

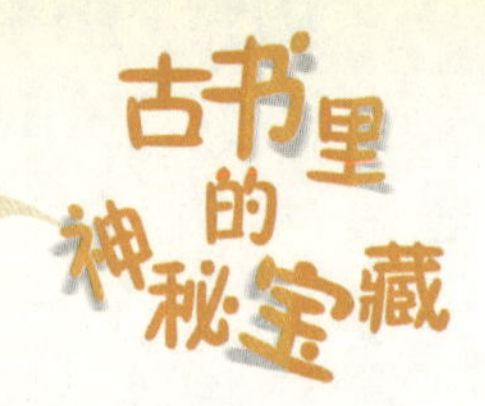

孙子眯着眼睛，手捻须髯，耐心地引导艾丽丝继续开动脑筋："说到战争，除了军队、后勤、地理这些因素外，你觉得作为将领，最需要做什么事情？"

艾丽丝看着孙子，说："我看《三国演义》，里面都是诸葛亮、司马懿斗智的故事，难不成就是设计布阵吗？"

孙子点点头，说："虽有夸张，倒是这个意思。这就是《孙子兵法》第一篇《计篇》，说的是谋划战争的重要性，是决定战争胜负的基本条件。"

艾丽丝很有成就感，兴奋地说："那么，我想第二篇《作战篇》，就是怎样交战吧？"

孙子回答："差不多。我追求的胜仗是'兵贵胜不贵久'，因为从战争对人力、物力和财力相依赖的角度考虑，不能给百姓增加负担。既然要速胜，就必须进攻，第三篇《谋攻篇》，论述谋划进攻的问题，强调以谋胜敌。"

艾丽丝若有所思。胡闹闹却在一旁反问道："如果对手实力更强，根本打不赢怎么办？"

孙子说："其实大多数情况正如你所言，这需要两手准备，首先是第四篇《形篇》，论述军队作战首先就要使自己立于不败之地的道理；接着是第五篇《势篇》指在作战时，要制造并利用有利的态势，打击敌人。"

胡闹闹又追问："什么叫有利态势？"

孙子笑答："这就接触到作战的精髓了。就以与水妖、火魔一战为例，攻击敌人，必须从它们的弱点下手，这就是第六篇《虚实篇》论述的'避实而击虚'，灵活主动，争取作战胜利。那么，怎样利用对手的弱点呢？在第七篇《军争篇》中，我提出'避其锐气，击其惰归'等作战原则，就是要把握作战先机。你看，《武经七书》骑兵都是有计划的移动，牵制水妖、火魔。骑兵移动快，这样才能躲避开水妖、火魔的攻击，可是人数少，无法完成绝杀，就必须调动大家一起来，这反映了第八篇《变篇》的内容，考虑作战问题要兼顾利、害两方面。"

艾丽丝边听边点头，赞叹道："看您指挥《武经七书》骑兵部队作战，就像变魔术一样，真神奇。"

孙子却说："魔术？神奇？他们的行动都是一步一步设计出来的。就是第九篇《行军篇》所写，行军作战的要领和观察判断敌情的方法。"

胡闹闹带着遗憾说："您早些出现就好了，史部书城差点被水妖、火魔毁了！"

孙子说："不然。经部书城多山、史部书城多楼，都不利于《武经七书》骑兵行动。也就是说，作战必须选择有利地形，第十篇《地形篇》顾名思义，讲战争中地形条件的重要性。紧接着第十一篇《地篇》论述了九种不同地区作战的用兵原则。"

艾丽丝、胡闹闹由衷佩服孙子的解释，齐声说："您太会用兵了。"

孙子想了想，说："说到用兵嘛，其实我认为，还是火攻最有效，威力最大。《孙子兵法》第十二篇《火攻篇》，讲了火攻的种类、条件和实施方法。"

"哈哈，"艾丽丝笑着说，"我想起了赤壁之战就是诸葛亮、周瑜用火烧了

曹操八十万大军。不过我觉得庞统当间谍，骗曹操把船连接在一起，这一步很关键。”

孙子说：“这是第十三篇《用间篇》的内容，讲间谍在作战中的重要性。”

艾丽丝是班长，因此对怎样管纪律的问题很感兴趣，就问孙子：“您把《武经七书》骑兵部队训练得这样整齐有序，有什么秘诀吧？”

孙子回答：“这个问题……我还是先给你讲一个故事吧。当年，我向吴王阖闾献书，阖闾很欣赏这部《孙子兵法》，但是他还想看一看我的实际军事才能。所以，他问我：‘你的书写得很好，那么能不能试着练兵呢？’我说可以。阖闾故意为难我，就问：‘可以训练妇女吗？’我猜到了他的心思，就是要看我的本事，所以就答应了。于是，阖闾就从后宫中挑选出一百八十名宫女交给我，带到苏州教场山的练兵场训练。

“我把这一百八十人分成两队，任命阖闾的两个宠妃为队长，让她们手执黄旗做引导。在训练开始之前，我非常认真、细致地讲解命令：‘你们看着我手中的令旗，听着金锣鼓声。令旗向上，整队起立；令旗指心，队伍前进；令旗指背，队伍退守；左手举令旗，队伍向左行进；右手举令旗，队伍向右行进。听清楚了吗？’这些宫女根本没有军事训练的意识，但是也都回答听清楚了。

“训练开始以后，队伍如同一盘散沙。我只能下令暂停，接着再次把训练要求、队列动作、军法纪律等内容重申一遍。随后，再次进行演练，当然，还是一片混乱。于是，我第三次重申要求和纪律，但是第三次演练还是没有进步。

“三次都没有改进，这就不是指挥者没交代清楚，而是队长没有做好示范。我必须动用军法了，下令处斩两名队长。阖闾心疼两名妃子，向我求情。我当场拒绝，坚持把两位妃子队长处斩了，然后另选了两个宫女当队长。第四次演

练开始，所有宫女精神高度集中，动作完全符合要求。

“于是我对阖闾说：‘您检阅吧，这支队伍现在能够放手使用了，可以征战沙场了。’阖闾哪有心思再看啊，他肯定心疼两个妃子，于是找了个借口，让我回去休息。我就追加一句：‘大王您只是喜欢看我的书，而不是想让书中的内容得以实现。’谁想这一句话点醒了阖闾，这才命我为将，征讨楚国，开创一番事业。”

听了这个故事，艾丽丝、胡闹闹对孙子和他的部下肃然起敬。艾丽丝略带悲伤地说：“可惜那些被水妖击中的骑兵，不知道他们怎样了。”

“他们没事，”刚才出城迎接孔子等人的墨子，这时返回了城楼，听到艾丽丝的担心，回答道，“李时珍和他的弟子高兴，已经给那些负伤的《武经七书》骑兵敷过药了。”

艾丽丝和胡闹闹这才稍稍放下了心。等等，李时珍的徒弟？高兴？！

生物进化论的鼻祖《本草纲目》

《本草纲目》共52卷，共190多万字，收录中草药物1892种，记载药方11096个……这些数字让艾丽丝和胡闹闹瞠目结舌。

艾丽丝和胡闹闹箭一般地冲向城楼，奔向陆续进城的队伍。沿途他们遇到孔子、司马迁、班固、司马光等人，都只是匆匆打了声招呼，就跑开了。

他们在人群中四处寻找了半天，终于发现几个受伤的《武经七书》骑兵躺在一个新搭的草棚子里，艾丽丝和胡闹闹忙走上前去，却没有看到高兴的身影。

胡闹闹拍了拍一个书生的后背，问："老兄，请问你有没有见到过一个……"

那个书生转过头来，艾丽丝和胡闹闹惊喜地大声叫了出来："高兴，怎么是你？"只见高兴从头到脚都已经换上了"书世界"的装束，他的头上戴着宽沿儿的帽子，身上穿着青色的宽袖长袍，脚上穿着布鞋，腿上还绑着白色绑腿。

高兴仍旧是那副无动于衷的表情，但却没能隐藏住眼睛里跳跃着的几道欣喜的光芒："果然是你们，又大吵大闹的。"

胡闹闹一把抓住高兴的肩膀使劲摇晃："你小子一直躲在哪里，怎么现在才露面？"

艾丽丝在旁边一把拽下高兴的帽子，揶揄着说："还是短头发，你怎么没留长头发，再学人家挽一个发髻？"

高兴瞪了艾丽丝一眼，抢过帽子戴回自己的头上，没好气地说："我还要跟师父救助伤员，请你们先回避，别妨碍我和师父做正经事。"他故意加重了

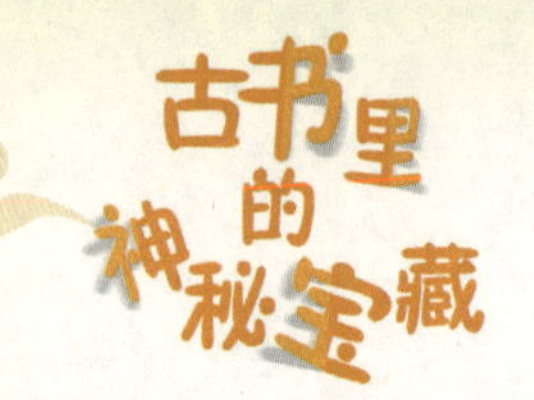

“正经”两个字的语气。

胡闹闹一下就被刺激到了，尖着嗓子喊：“‘电冰箱’，你什么意思？这是久别重逢的态度吗？你知不知道我们刚才和水妖、火魔作战，多么惊险万状，对了，我们还幻化出了石头阵……”

艾丽丝一把把胡闹闹推到一边，对高兴说：“你的师父就是写《本草纲目》的李时珍吗？”

高兴回答：“对。”

艾丽丝马上追着他问：“那你已经掌握《本草纲目》的知识了？快给我们讲讲。”

高兴不耐烦地说：“所以我说你们不会察言观色，没看到我现在很忙吗？”说完转身就去端药。

“哎……”艾丽丝和胡闹闹尴尬地站在一旁。

“二位就是艾丽丝和胡闹闹吧？”一个身材瘦削的布衣老人笑问，“总听高兴说起你们俩，果然相貌不凡，神清气爽。”

“您是？”艾丽丝和胡闹闹问老人。

布衣老人一边拣选药材一边回答：“鄙人李时珍。”

艾丽丝和胡闹闹又见到了一个大名鼎鼎的历史人物，激动地说不出话来。愣了一下，随即争先恐后地叫：“李时珍爷爷好。”

李时珍和蔼地朝艾丽丝和胡闹闹点头致意，同时招呼高兴说：“高兴，两位小友来找你，你陪他们说说话吧，这里我一个人应付得来。”

高兴很不高兴地停下手里的活计，板着脸一声不吭地走出草棚。艾丽丝和胡闹闹见李时珍忙前忙后地给伤员诊病，知道不好打扰他，便追着高兴离开了草棚。

三个人在草棚后面找到一块空地，搬来几块石头围着坐下，看着街道上来来往往的人群，闲聊开来。

艾丽丝说："李时珍爷爷真了不起，不辞辛劳救死扶伤，值得我们尊敬。高兴，说说你怎么遇到这位千古名医的吧！"

高兴耸耸肩，说："我睁开眼时，发现自己在一座山上。我着急下山去找你们，结果不小心扭伤了脚。幸亏李时珍爷爷采药经过那里，救了我。我本来就很向往医生的工作，就央求跟着他一起行医，还拜他为师。前几天，墨子爷爷传信给我们，说准备在这里跟水妖、火魔决战。我跟师父就赶过来救治伤员了。"

胡闹闹在一旁激动地喊："我的师父是司马迁，咱俩比一比吧，看谁的能耐大。"这次，艾丽丝和高兴不约而同地白了胡闹闹一眼。

艾丽丝对高兴说："李时珍爷爷和他的《本草纲目》，我敢肯定无人不知。高兴，你跟着李爷爷这么久了，跟我们讲讲他的故事吧！"

提到李时珍，高兴就来了劲头，说："好吧，那就把我知道的都讲给你们听。"

"李时珍爷爷是明代大名鼎鼎的神医。他在14岁就考中秀才，但23岁时，下定决心弃文学医，投身中医药研究。中年时，他被楚王推荐到中央太医院工作，被皇帝明世宗授予正六品太医院判的职务。在太医院，他见到了很多民间难得一见的名贵药物，而且，他还阅读了紫禁城里珍藏的中医药典籍。这为他编写《本草纲目》做了很多准备。

·知 识 锦 囊·

“科举”是中国古代官员选拔考试制度，创立于隋朝，直到清朝光绪三十一年（1905 年），共实行了一千三百多年。科举制通过分科考试，拔举人才，因此名为科举。实行自由报名，由考试成绩决定录取的原则。具有打破阶级局限的进步性，但是从明朝开始，变为“八股文”写作，钳制了人们的思想。

“据说他编纂《本草纲目》用了800多部参考书！非但如此，还深入山野树林，实地考察，尝遍各种草药，才完成了《本草纲目》这部书。”

艾丽丝说：“读万卷书，行万里路。李时珍爷爷真了不起。”

高兴认真地说：“还有一个有趣的故事，是关于穿山甲的。穿山甲是一种常用中药。陶弘景说，穿山甲平时吃蚂蚁，它白天爬到岩石上，张开全身的鳞甲，一动不动地装死，引诱蚂蚁爬进鳞甲里。接着穿山甲会闭合鳞甲，裹着蚂蚁跳入水中，再张开鳞甲，蚂蚁就会浮上水面，穿山甲就在水里吞食蚂蚁。”

胡闹闹摇着头说：“我不信，穿山甲真这么厉害？比动画片《葫芦娃》演得还夸张！”

高兴说：“胡闹闹都不信，更别说李时珍爷爷了。为了验证这一说法是否属实，他邀请了猎人、樵夫一起上山进行调查。他们捉到了一只穿山甲，剖开肚子之后，发现它的胃里的确有蚂蚁，这证实了穿山甲吃蚂蚁。不过，在随后的观察中，他发现，穿山甲吃蚂蚁的方式，是扒开蚁穴，把舌头伸进去……而不是像陶弘景说的那样，在水里吃。”

胡闹闹得了理，仿佛是自己的功劳，忽然又想起了什么，盯着高兴问：“什么叫‘胡闹闹都不信’？！”

高兴没接话，接着说：“像这样的例子实在太多了，对同一种药物，历代医书、医生的记载却都不一样，又各有理由。要找出其中的真相，不但要向内行人请教，还要把各种标本实物都找出来，对实物进行比较核对，亲自验看，反复检查。”

艾丽丝叹息着说：“这样做要冒多大的风险啊，我知道‘神农尝百草’的典故，神农尝尽百草，最后还被毒死了。”

高兴坚定地说：“李时珍爷爷说只有这样才能弄清楚事实，改正那些被认错的药物。他一直坚持实地考察，一直艰苦努力了27年，在明神宗万历六年（1578年），终于完成了《本草纲目》的初稿，那时候他已经61岁了。后来，他又用了10年时间进行修改，前后一共用了40多年的时间，才完成这部名著，共52卷，190多万字，收录中草药物1892种，记载药方11 096个，还绘制有详细准确的草药图样1160幅……”

胡闹闹也被震撼了，喃喃地说：“太厉害了……”

高兴看着胡闹闹的憨态，忍不住抿嘴偷笑，他自豪地说：“还有更厉害的，李时珍爷爷在这本书中创造了一种中草药分类法。把药物分矿物药、植物药、动物药三种。矿物药分为四部，植物药分为五部，动物药分为六部，共16部。16部下面还有60小类。”

“最重要的是……”高兴深吸了一口气：“李时珍爷爷创造的这种分类法，比后来被世界普遍接受的瑞典科学家林奈提出的分类方法，足足早了200年。还有，他在写作过程中，已经形成了一种体现‘生物进化’观点的科学认识。后来创立了‘生物进化学说’的英国著名科学家达尔文，就十分赞同李时珍爷爷的意见，他在自己的书里，直接引用了《本草纲目》中关于鸡和金鱼的记载。”

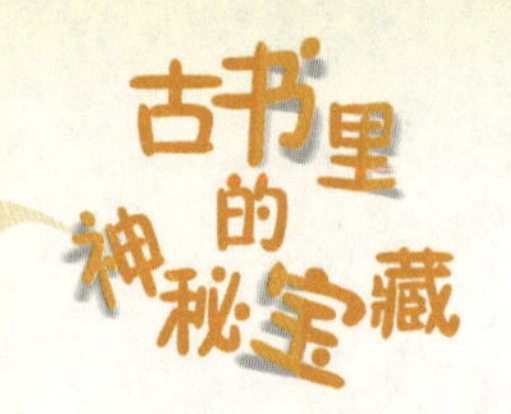

说完，高兴还有些意犹未尽，他抱着双臂，摇头晃脑地说："说了这么多，我就想表达一个意思，《本草纲目》是一部具有世界性影响力的博物学著作。真是了不起啊。"

胡闹闹盯着高兴足足十秒钟，突然开口说："高兴，你活脱脱一个百科全书啊！快说，你用了什么法宝把自己变得这么厉害，都知道外国科学家啦？！"

艾丽丝也惊讶无比："是啊，高兴，我觉得你都可以给咱们班同学当老师了！"

此刻的高兴一点也不冷傲，挠了挠头说："我也不知道怎么回事，有种'知识大爆炸'的感觉……"

艾丽丝说："哈哈，我看你是不是不想回到我们的原来的世界了？"

高兴一愣，还没来得及回答，就听李时珍在远处招呼他们，三个人忙起身跑了过去。

高兴见到李时珍身上还背着药箱，忙伸手接过来，自己背起来。这时，李时珍开口说话了："这里的伤兵已经包扎治疗过了，咱们现去找孔子、太史公、墨子汇合。"

一老三小四个人说着话，来到孔子等人所在的屋子，进了屋。只见老老少少，坐得满满当当。艾丽丝、胡闹闹、高兴忙着和众人见礼、问候，讲述刚才的各种经历。袁枢还给众人讲了艾丽丝、胡闹闹两人幻化石头，偷袭自己的一段趣事，把众人逗得哈哈大笑。这些人之中，孔子豁达、司马迁率真、班固优雅、司马光严肃、袁枢亲切、墨子坚毅、孙子大气、李时珍朴实……真是风流人物、汇聚一堂。

一番喧闹过后，司马迁对孔子说说："夫子，多亏墨大哥守住了子部书城，

再加上孙将军指挥得当，才有了这一次消灭水妖、火魔的大捷。您看，您老辈分最高，这次少不了要犒劳咱们大伙。”众人立刻跟着起哄。

孔子眼珠转了转，说：“太史公之言，正合我意。不过，诸位想想，如此大捷，乃是我们‘书世界’一件大喜事，须得叫每个人都分享喜悦和荣耀，对不对？”

众人都觉得孔子说得有理。只有艾丽丝在旁边偷笑，她知道孔子肯定是在“动脑筋”。

果然，孔子提高嗓门，大声说：“可是集部书城的人在哪里？我们可不能自顾自集会欢乐，忘了他们。哎，艾丽丝小友，你去一趟集部书城，就说我们大家马上去他们那里报捷。”说话的同时，还向艾丽丝挤了挤眼睛。

艾丽丝对孔子的意思心领神会，她夸张地叫了一声“得令”，当即拉起胡闹闹和高兴，朝门外飞奔而去。

第十章

神仙家屈原和他的《楚辞》

艾丽丝向院子里张望。这时，院门突然开了，只见一个青年书生，头戴高帽，身穿长袍，腰悬宝剑。

高兴一脸茫然，胡闹闹则大喊大叫："你放开我，我要留在这儿吃酒席。"

艾丽丝毫不理会，拽着他俩冲到门外，找过来一辆马车，先把两个人推进车厢，然后问清楚集部书城的方位，迫不及待启程上路。

一路上，艾丽丝全神贯注地驾车狂奔，高兴一声不吭地想着心事，胡闹闹嘟嘟囔囔地埋怨艾丽丝。

艾丽丝被胡闹闹的嘟囔声吵得晕头转向，回头冲着他大喊："吃吃吃！就知道吃！你还不明白吗？我们现在急着赶去集部书城，就是要让他们做准备，摆酒席招待我们。"

胡闹闹猛地抬起头，笑嘻嘻地接过艾丽丝手里的缰绳，说："你不早说，我们快走。"

这时，高兴忽然说："艾丽丝，胡闹闹，你们知道回去的方法吗？"

艾丽丝回答："当然知道，孔夫子说要至少掌握十二部典籍的知识，就能再次开启通道，我们就能回去了。"

高兴皱着眉头说："是每个人都要掌握十二部典籍的知识，还是我们三个人总共掌握十二部典籍的知识？我们现在都已经学了一些典籍的知识，但都不能开启返回原来世界的通道，这是为什么呢？还有，颜老师现在在哪里，你们有她的消息吗？”

高兴的问题使得艾丽丝陷入了沉思，越想越觉得事情不是那么简单，她迟疑地说：“你的意思是说，我们还没有真正掌握回到原来世界的方法？”

高兴扶了扶眼镜没有作答，车厢里一阵沉默。

“我知道了！”胡闹闹突然大声喊了起来。艾丽丝、高兴吃了一惊，同时问：“你知道回到原来世界的真正方法了？”

胡闹闹目视前方，认真地说：“孔夫子派我们先去集部书城是犒劳我们，是让我们去点菜，挑自己喜欢吃的点，是吧？”

“唉！”艾丽丝和高兴看着胡闹闹无奈地叹了口气。

马车在平原上奔跑着，远处青峰飞速闪过，只有天上太阳始终停留在那里，慷慨地洒下温暖的阳光。不一会儿，在马车前进的不远处，出现了一座城池。三个人眼睛一亮，知道这就是“书世界”的最后一座城——集部书城了。

马车进了城门，只见这里的房屋、街道设计得小巧精致，雕梁画栋，结构复杂，与史部书城风格大不相同。三人走走看看，马车的速度不由得慢了下来，在经过一处院落时，三人听到从院子里面传来一阵歌声，还有鼓琴的伴奏：

帝高阳之苗裔兮，朕皇考曰伯庸；
摄提贞于孟陬兮，惟庚寅吾以降；
皇览揆余于初度兮，肇锡余以嘉名；
名余曰正则兮，字余曰灵均。
纷吾既有此内美兮，又重之以修能；
扈江离与辟芷兮，纫秋兰以为佩；
汩余若将不及兮，恐年岁之不吾与；

朝搴阰之木兰兮，夕揽洲之宿莽；

日月忽其不淹兮，春与秋其代序；

惟草木之零落兮，恐美人之迟暮；

不抚壮而弃秽兮，何不改乎此度？

乘骐骥以驰骋兮，来吾导夫先路。

·知 识 锦 囊·

诗文节选自《离骚》，大意如下：

我是高阳氏子孙，先父字伯庸。

我出生于岁星在寅那年正月庚寅日。

父亲揣度我的生辰，给我起了一个好名字：

给我取名正则，取字灵均。

我的天赋很好，不断加强外在能力。

我把江离芷披在肩上草，把秋兰编的腰带佩挂身旁。

光阴似箭我追不及，时不我待令我心慌。

早晨采摘山坡上的木兰，傍晚采摘洲中宿莽。

时光飞逝不停留，春去秋又来。

想到草木由荣变枯，恐怕美人也会年老色衰。

为什么不趁着年富力强改变陋习，为什么不改变这些坏的法律制度？

乘上骏马驰骋吧，我在前方引导开路。

歌声婉转悠扬、忽断忽续，艾丽丝不由得想起了刚穿越到“书世界”时，听见孔子所唱的《诗经·蒹葭》，这一首歌与孔子唱的《诗经·蒹葭》相比，还多了一丝哀愁。

艾丽丝忍不住下了车，透过院门，向院子里张望。这时院门突然开了，从院子里面走出来一个青年书生，他头上戴着一顶很高的帽子，身上穿着一件非常宽大的袍子，腰间悬一柄宝剑。

艾丽丝吓了一跳，青年书生也吓了一跳，后退一步，双手抱拳，对艾丽丝作揖，问道：“失礼了，敢问姑娘来此有何贵干？”

艾丽丝想不到他虽然腰佩宝剑，说话却这样斯文，一时语塞，支支吾吾了半天，才说：“唱得真好听，我也会唱《诗经》。”

青年书生有些丈二和尚摸不着头脑，不过他心思单纯，听艾丽丝这样说，就说：“原来是同好，何不进来一起吟唱？”

艾丽丝爽快地回答：“好啊！”回头招呼高兴和胡闹闹一起来。

高兴还没开口，胡闹闹就在车上嚷开了：“唱什么歌啊，我们快去找集部书城的人报告消息，准备饭菜吧。”

艾丽丝狠狠瞪了他一眼，只得对青年书生不好意思地笑了笑。哪知道青年书生很热切地说：“你们找集部书城的人吗？要报告什么消息？在下集步书城的宋玉，字子渊。”

艾丽丝说：“这是一件大事，我们要找……”

“告诉他没有关系，”高兴从车厢里探出头来对艾丽丝说，“他既然是宋玉，就能带我们去见屈原了。”

宋玉朝着高兴笑了笑，回答：“你们要见我老师吗？我可以带你们去。”

艾丽丝虽然刚才没有认出宋玉，但是屈原的大名她还是知道的，听到宋玉这么说，便邀请宋玉一起上了马车，并把经部书城、史部书城和子部书城的众人合力消灭水妖、火魔的经过告诉了他。

宋玉听了击掌叫好，随即又为自己没有参战而遗憾，他说：“竟然是这样重要的消息，那咱们得快些走，去向我的老师禀告。”

胡闹闹立刻接话说：“是啊，越快越好，得多给你老师留点时间准备饭菜。”

艾丽丝看宋玉风流倜傥，又瞅瞅胡闹闹，不由得叹了口气。

宋玉奇怪地问：“这位小姑娘为何叹气啊？我看几位样貌不凡，不知是什么来历？”

艾丽丝三言两语地介绍了一下自己和同伴们此前的经历，又说：“我们还得请教您关于集部书城的知识呢。”

宋玉摆摆手，谦虚地说：“不敢当，我都是跟我老师学的，我的老师才是集部书城里顶尖的诗人。”

艾丽丝说：“我知道屈原大夫是一个大忠臣，也是一个爱国志士，更是一个看穿世间丑恶的智者，他说‘举世皆浊而我独清，众人皆醉而我独醒’。言语间充满了无奈和伤感。我记得每年农历五月五日端午节，就是为了纪念他。因为屈原大夫是投水而死，所以在端午节这一天，人们要举行划龙舟比赛，寓意去划船救他。还要吃粽子，寓意是用粘食把江河里鱼虾的嘴粘住，别去啃噬他的身体。都是在表达后人对他的崇敬、怀念的感情。”

高兴也说："我记得屈原爷爷应该是名平、字原。他是战国后期楚国贵族，跟楚国国君是一家子，好像是在楚怀王在位的时候，担任过'三闾大夫'，就是专门管理楚国王室贵族的官。史书上记载他的学问非常好，说他熟悉历史典故和政治制度，口才又好，是楚国的外交官。本来楚怀王很信任他，但是后来却被奸臣陷害，被降了职。宋先生，这是怎么回事啊？"

提到屈原的遭遇，宋玉也不禁扼腕叹息，说："说来话长。我给你们讲讲吧。在战国时代后期，秦国、齐国最强大，楚国的大臣于是分为两派，一部分人主张与秦国结盟，另一部分人主张与齐国结盟。我老师主张与齐国结盟，对抗秦国。

"所以麻烦就出现了。秦国君臣眼见楚怀王十分信任我的老师，十分担忧，于是定下计策，秦国大臣张仪买通了楚国大臣靳尚等人，授意他们在楚怀王面前说我老师的坏话。楚怀王是个昏君，很轻易地就上了当，把我老师赶出了朝廷。

“解除掉威胁之后，张仪就劝楚怀王和齐国断交，他向楚怀王允诺，只要楚国断绝和齐国关系，秦国就向楚国割地六百里。楚怀王不辨真假，傻乎乎地与齐国断交。可是张仪这时却说楚怀王听错了，当时他答应割让给楚国的土地是六里，而不是六百里。楚怀王勃然大怒，冲动地出兵伐秦，可是楚国实力太弱，大败而归。

“到了这个时候，楚怀王才又想起了我老师，将他召回国都，然后委派他出使齐国，修复与齐国的关系。但是没多久，楚怀王第三次上了秦国的当，被骗到了秦国，遭到拘留，最后死在了异国他乡。这件事令楚国人蒙受巨大耻辱，我老师更是忧愤交加，也深感痛心。

“可是，楚怀王的儿子楚顷襄王，依然执迷不悟，继续受靳尚等人蒙蔽，又驱逐了我的老师。这一次，我老师被流放了九年。在这九年时间里，秦国对楚国的侵略一天一天加紧，他预感到自己的祖国离亡国之日不远，可是又没有机会向楚顷襄王进献忠言。最终，我老师决定以自己的死来促使楚顷襄王感悟，便毅然决然地自沉汨罗江。”

宋玉讲完了屈原的经历，艾丽丝、高兴沉默了，就连胡闹闹也安静了。幸而他们知道，像屈原一样遭遇不幸的名士，他们会在“书世界”中重生。

马车又向前走了一段路，来到了一座幽静的院落前，院子不大，栽种着稀稀落落的花草。宋玉示意胡闹闹停车，对三个人说：“就是这里了。”

四个人下了车，宋玉走进去通报，三个人站在院子里等待。安静而祥和的田园气息，让三个人压抑的心情也得以舒缓。

不一会儿，屈原、宋玉一前一后走到院子里。屈原戴着高高的帽子，宽衣大袖，他的肤色很白，身材纤细，似乎弱不禁风，但是双眼晶亮。屈原细细地

打量三个人，说：“有劳三位小友了，有失远迎，快随我进屋来。”

胡闹闹高兴地喊了一声：“有饭吃了！”接着便抢先冲进屋里去了。

屈原又对宋玉说：“子渊，你去找李太白，把这个消息告诉他，让他告诉大家都来庆祝。”宋玉答应一声，转身出了院子。

听到“李太白”的名字，艾丽丝和高兴赞叹着对屈原说：“李太白就是李白吧，屈原大夫，集部书城这里真是名家荟萃呀！”

屈原笑眯眯地说：“自古英雄出少年，三位小友才是人品不凡。”

艾丽丝和高兴随着屈原走进屋里，只见屋内陈设简单，但是简单中流露出一种浑然天成的大气。艾丽丝说：“屈原大夫，刚才我听到宋玉先生在自己家中唱您的作品。”

屈原淡淡一笑，说：“他应该是在唱《离骚》吧。”

艾丽丝问：“《离骚》这个名字是什么意思？”

屈原招呼三个人坐下，然后回答说：“《楚辞》中的《离骚》《九章》《九歌》各篇，都是我在被放逐期间写的。其中《离骚》是我最为用心写成的作品，也最能反映我的伤怀感情。我既感怀楚怀王当初的信任，又怨恨他被奸佞欺瞒，糊涂透顶。可是到了楚顷襄王的时候，还不能觉悟，国家形势日渐衰微。面对这种情况，我自己却因为忠诚而遭到猜忌、毁谤。我这一腔委屈，去向谁诉说？根本没人听！在走投无路的时候，我只能通过自己手中的笔，写出我的苦闷和忧愁。所以离骚是离别愁思、遭遇忧患的意思。”

艾丽丝虽然不能完全理解屈原的话，但也能感受到屈原心中的悲苦：“怪不得我听宋玉先生他们的吟唱，有一种悲伤的感觉。”

屈原点头，说：“我本来是一个感性的人，胸中的悲愤不可遏制，就通过

手中的笔，东一句、西一句、天上一句、地下一句地写出来，就如同普通人心里烦乱苦闷，就嚎叫一声‘天啊’，出口恶气，根本顾不上组织语序条理。所以，我的诗都是片段，没有章节段落可言。”

顿了顿，屈原又说："不过，我烦忧的是楚国国运，对小人奸佞深恶痛绝、对正人君子的倾心向往、对楚王忠心耿耿。这些情愫不可直说，只能委婉表达。我在《离骚》中，分别借用了历史上王朝的治乱兴衰、神话人物和动植物，来比喻当时的楚国，说这些善恶因果，历历在目，希望能够感悟君王。我把楚怀王比喻成美人、把贤臣比作香草，从此‘美人香草’成为中国古代政治的专用譬喻。”

一直静静地听着屈原说话的高兴这时说："难怪您的《离骚》《九章》，写了好多神仙、妖怪，都是比喻啊。”

屈原看着高兴，说："引用史事做譬喻，不过，并不全是。后世的人把我的作品都说成是怨君，这就埋没了我的见识了。我其实也是‘诸子百家’中的一‘子’，是神仙家，跟孔子的儒家、墨子的墨家和孙子的兵家一样，也是一家之学。神仙家的学说出于古代的‘巫’，就是上古王朝负责占卜的官员。我们这一家的理念和目标，是追求‘游仙’的境界。比如,《远游》是讲‘仙游’上下天地、宇宙四方的乐趣，即便是《离骚》，里面也提到了‘仙游’，驾车的动物和驱车的御夫，都是神话里的记载。”

高兴露出恍然大悟的表情，艾丽丝却半知半解，胡闹闹也被这个高深的话题震撼了。

屈原打开了话匣子，认真地给三个人讲解起来："《远游》开篇写‘悲时俗之迫厄兮，愿轻举而远游’。篇中又写‘临不死之旧乡’。意思是说人活一世一

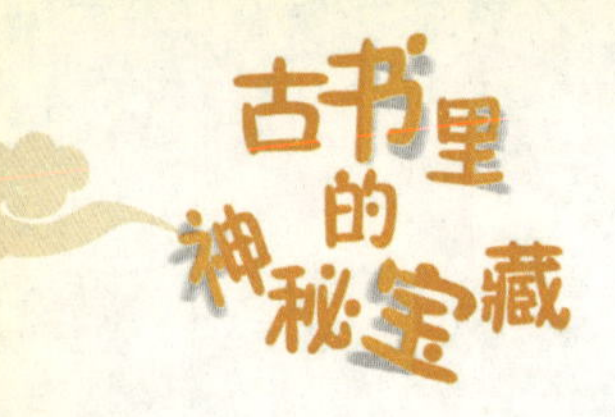

点也不自由，人间世界太狭小，人生太短促。而神仙家拥有无限广大的空间，所以能够自由穿行；有无限漫长的时间，所以能够长生不老。我们要打破现实的、有限的世界，用幻想创造出来一个无限的世界来。因为活动的时间、空间扩大了，所以我们对于日月、星辰、山川这些天地奇观，都有一探究竟的兴趣。这就是《天问》里面许多关于天文地理的疑问。”

“怎么‘游仙’啊？”艾丽丝、高兴几乎异口同声地问。

屈原仰头看看天，说：“要达到‘游仙’的境界，首先要做到《远游》里说的虚静、无为，再下来就是修炼导引、养生的功夫，逐步地……”

“屈子、屈子啊，如此好消息，屈子还在这里闲谈！快与我们一起迎候孔夫子众人吧！”院子里忽然传来一声响亮高亢的呼喊。

艾丽丝、胡闹闹、高兴伸长脖子向屋外一看，只见外面急匆匆地走进两个中年人来。说话的是走在前面的那个人，他身材高挑，高鼻大眼、剑眉墨髯，真是一个美男子。后面一个中等身子，微微发福，双眼含笑，风度翩翩。这两个人高矮胖瘦全不相同，但是举手投足，都带着世外高人特有的道骨仙风的韵味。

屈原起身迎接，嘴里叫着：“太白、东坡，来得正好。我给你们介绍这三位小友。”

第十一章

《李太白集》该怎么读

一听“太白”“东坡”两个名字,一刹那间,三人都惊呆了!没想到此刻出现在他们面前的,竟然就是李白、苏轼两大文豪!

一听“太白”“东坡”两个名字，一刹那间，三人都惊呆了。没想到此刻出现在他们面前的，竟然就是李白、苏轼两大文豪！他们在幼儿园时，就开始背诵唐诗、宋词，其中最有名的大诗人，就是这两位。他们对李白、苏轼的敬仰之情，绝对是如滔滔江水连绵不绝。

三个人呆若木鸡地听着屈原和李白、苏轼说话，依稀看到李白、苏轼看着自己笑，他们也跟着傻笑，仿佛身在云雾之中，飘飘然起来。

就听苏轼笑着说：“三位小友，屈子是在给你们讲他的神仙家学说吧？”

艾丽丝三人痴痴呆呆地只会点头。

苏轼又笑了，说：“其实啊，屈子的神仙家学说，受了道家学说的很大影响。无为、吐纳，还有穿行无碍、长生不老，以及那些神话人物、妖怪，这些不都是庄子的说法吗？屈子曾经出使齐国，也受了齐国学说的影响。齐国有很多‘迂怪之士’，齐国的阴阳家就爱讲珍禽异兽、奇人异事，神仙家也讲这些。还有，齐国人说话喜欢隐喻，就是指桑骂槐、含沙射影，所以《离骚》《九章》中才会有那么多政治比喻。”

艾丽丝三人此时渐渐恢复了常态，听到苏轼这么说，齐声说：“啊？”

李白在旁边插话说：“东坡此言差矣。庄子之说，强调的是人与自然形成和谐共生关系，但是神仙家比道家更进一步，提出要创造时空无限的世界。屈子的确爱用隐语，不过当时不只是齐国人用比喻，楚国人也爱用，而且屈子他也不像齐国人那样诙谐嬉笑，而是悲伤压抑的情绪居多，这就跟齐国人有很大不同。”

苏轼听了李白的话，忙转向屈原说：“看我，又随便对人评头论足了，请屈子勿怪。”

屈原无所谓地摆摆手，以长辈的语气对苏轼说：“你这张嘴得罪了多少人，你自己最清楚吧。”说罢，与苏轼、李白相视大笑。

艾丽丝、胡闹闹和高兴对苏轼得罪人这个话题很感兴趣，正想追问，就听屈原开口问道：“宋玉怎么没和你们一起回来？”

李白答道：“子渊去通知集部书城其他人了，一会儿我们就去东坡家里，款待其他书城的人。我和东坡闲着无事，一则来邀请您，二则来见见三位小友。”

屈原说：“正是，太白、东坡，快给他们讲讲你们的诗词作品，过一会儿人到齐了，可就没时间说话了。”

一听到李白、苏轼要给自己讲知识了，艾丽丝、胡闹闹和高兴的神经又绷紧了，三个人看着李白和苏轼，大气也不敢出。

李白看着三人紧张的表情，心里觉得好笑，就问：“三位小友知道在下吗？”

三个人立刻回了魂，艾丽丝抢着回答：“当然知道，您是‘诗仙’！跟‘诗圣’杜甫合称‘李杜’！”

“您名‘白’，字‘太白’，号‘青莲居士’，别号‘谪仙人’，又称‘李十二’。是盛唐时期最伟大的浪漫主义诗人，而且还是一位剑客！”高兴也不甘落后。

“床前明月光……”胡闹闹抢不过他俩，就直接背起诗来了。

李白被三个孩子突如其来的热情吓了一跳，忙伸手把他们按回到座位上。有些尴尬地干咳了一声，说："好吧，那我就给你们讲讲诗，中国古代的诗，从周朝开始，经历四言诗（春秋）、楚辞（战国）、赋（西汉）、五言诗（东汉），这些都叫古体诗……进入唐朝，又出现律诗（五言律诗、七言律诗、五言排律、七言排律）和绝句（五言绝句、七言绝句），这叫'近体诗'。"

高兴马上反问："为什么没有六言诗？"

李白回答："六言诗是有的，只不过不多。因为六言诗一句六个字，句末就没有停顿，叫'休音'，因而没有节奏的变化，不利于传唱。咱们先来说古体诗，五言古诗，最少四句。七言古诗，可夹杂三、四、五、六、八、九言，最少二句。不需要句句押韵，如果句句押韵，就是汉代'柏梁体'。"

艾丽丝和高兴一起点头，胡闹闹见两人点头，自己也跟着点头，其实他还不太明白。

李白接着说："再说律诗，五言律诗，五字为一句，八句为一首，两句为一联，分别叫首联、颔联、颈联和尾联。每联第一句叫出句，第二句叫对句。比如我这首《渡荆门送别》：

（首联）渡远荆门外（出句），来从楚国游（对句）。

（颔联）山随平野尽（出句），江入大荒流（对句）。

（颈联）月下飞天境（出句），云生结海楼（对句）。

（尾联）仍怜故乡水（出句），万里送行舟（对句）。

"律诗的规矩是'颔联''颈联'，必须对仗。"

艾丽丝说："'对仗'我知道，就是天对地，雨对风，大陆对长空……"

李白补充说："具体来说，是'六对'，第一种是专有名词相对，如'天地'

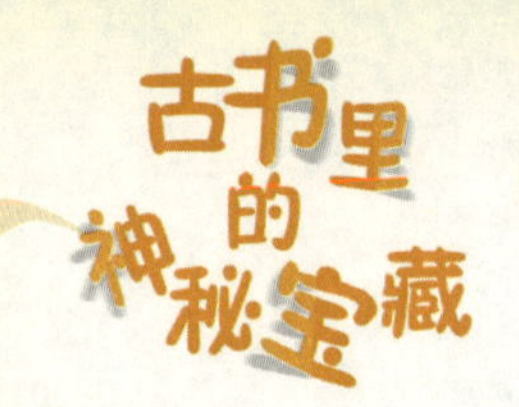

对‘日月’；第二种比第一种宽泛，同类事物相对，如‘花叶’对‘草芽’；第三种是叠字如‘萧萧’‘赫赫’；第四种双声联绵词，声母相同，如‘蹊跷’‘伶俐’；第五种是叠韵联绵词，韵母相同，如‘彷徨’‘放旷’；第六种最难，是用前后两个比喻，如用‘春风’比喻愉快的心情，用‘秋池’比喻惆怅的心情。不过，写诗不可能严格执行这‘六对’，一般来说，词的词性、意义、平仄相同，就可以了。”

李白顿了顿，又说：“五言绝句，一共四句，取五言律诗的前四句，或后四句，不要求对仗。七言律诗、七言绝句，分别与五言律诗、五言绝句类似。把一句五字，写成一句七字。五言排律，也叫长律，一首最短五韵（十句）、六韵（十二句），长则五十韵（一百句）、七十韵（一百四十句）、一百韵（二百句），韵数皆整数。比如白居易的《代书诗寄微之》，就长达两百句、一百韵。”

艾丽丝和高兴惊讶地睁大了眼睛，胡闹闹却说：“看来我比较适合写诗，字数少，我每次写作文就三十来个字……”

李白对胡闹闹说：“写诗最基本的规则就是‘用韵’，在你们所学的拼音里叫‘韵母’。‘用韵’的方式有两种，一是句中相邻两字成韵，叫‘叠韵’；句尾押韵，各句尾字成韵，叫‘押韵’。”

胡闹闹说：“《新华字典》都是按声母排列的，找韵母相同的字很麻烦的，为什么非要‘押韵’啊？”

李白笑着说：“诗都是用来唱的，用上韵，一方面朗朗上口，容易传唱，另一方面使得诗句便于记忆。为什么好记？因为韵脚，形成了句子音节的呼应和谐关系。”

“说到声韵，”李白喝了口茶，放慢了语速，说，“在你们的世界里叫作‘音

调’和‘拼音’。不过，写律诗不能用拼音的韵母，要用唐朝人的读音，在宋代叫‘平水韵’、在清代叫‘佩文韵’。这一系统分为‘平、上、去、入’四声。”

艾丽丝问：“李白爷爷，我们在学校只学过一声、二声、三声、四声，没有学过这个‘平、上、去、入’啊。”

李白回答：“是的，到了元代，以北方古代少数民族语言为基础，出现了新的声韵系统，分阴平、阳平、上、去四声，就是你刚才说的四声，也是你们今天北方普通话的基础。平水韵中的入声字，被分别归到这四声当中去了……”

胡闹闹忍不住喊了起来：“记不住了！”

艾丽丝拍着脑袋说：“英语只有升、降两个音调，汉语为什么要分四声啊？”

李白愣了一下，回答说：“四声的分别，基本上是基于发音轻重角度。比如唐代《元和韵谱》中说，‘平声者哀而安，上声者厉而举，去声者清而远，入声者直而促’。还有一首关于四声的口诀：‘平声平道莫低昂，上声高呼猛烈强。去声分明哀远道，入声短促急收藏。’入声的音发的短，所以容易忽略，北方普通话里又没有入声字，所以北方人写、读律诗、绝句，是一个大挑战。所以，又有《中华新韵》等说法，是完全以汉语拼音为基础，进行韵母、四声归类。不过作律诗、绝句，还是应该以‘平水韵’四声为准。”

胡闹闹也挠着头，说：“李白爷爷，为什么听您一说，我觉得自己已经不会说中国话了。”

李白仰头大笑，说：“写近体诗还要讲究句式，就是‘调平仄’。‘平’是平声字，‘仄’是上、去、入三声字，平仄字搭配组合起来，才能读出节奏。读古诗，尤其是近体诗，不能用普通话读，必须按平水韵的平仄读。”

艾丽丝皱着眉头说：“不过，这么复杂的规则，如果平仄失调怎么办？”

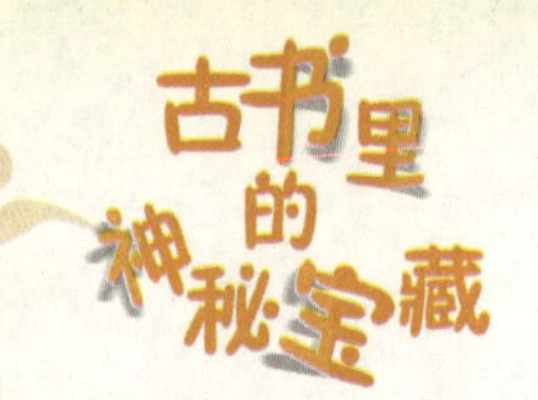

李白捻须说："调平仄是律诗的基本要求，如果平仄不调，就叫'拗'，是违背的意思。不过，说实话，我写的律诗当中，也犯过'拗'，这就是写近体诗的难度。"

高兴感慨道："原来诗中包含着这么丰富的内容，我们学习的时候，只是弄清楚了句子的意思，太低估中国古诗的内涵了。"

·知 识 锦 囊·

七言律诗的基本句式有四种：

平平仄仄平平仄——1号句式；仄仄平平仄仄平——2号句式；

仄仄平平平仄仄——3号句式；平平仄仄仄平平——4号句式。

因此，律诗的基本结构就是：

第一种：1、2、3、4。1、2、3、4。第二种：2、4、1、2。3、4、1、2。

第三种：3、4、1、2。3、4、1、2。第四种：4、2、3、4。1、2、3、4。

艾丽丝说："是啊，还有朗诵，声韵都读错了，装腔作势地朗诵有什么用？"

李白见他们逐渐明白了写诗的规则，十分欣慰，听他们提到朗诵，就说："诗可诵、可唱。古人说'作诗必歌'。尤其是律诗，结构严谨，更便于吟唱。唱就要有节奏，乐曲的节奏叫节拍，律诗的节奏叫'顿歇''音步'。其实就是停顿，有句成语叫抑扬顿挫，顿挫说的就是这个意思。"

艾丽丝说："这个'顿歇''音步'就是句中停顿吧？"

李白点点头，继续说："不论五言、七言律诗，都是以两个字作为一个音步，句末一个字单算。这是根据汉语特点，每个汉字各有音义，两两搭配，能够概括大多数日常的意思。看我的《渡荆门送别》其中两句的音步：山随/平野/尽，江入/大荒/流。"

这时，苏轼插话说："还有我的《倦夜》诗：孤村 / 一犬 / 吠，残月 / 几人 / 行。"

李白指着苏轼，对艾丽丝他们说："你们看看，我刚才光顾着讲我自己的诗，把咱们的这位'诗神''词圣'给忘了。也好，屈子、三位小友，咱们这就转去东坡大居士的府上，准备迎接三部书城的人。"

胡闹闹不耐烦了，就问："李白爷爷，这里不是很好吗？为什么要去苏轼爷爷家啊？"

李白看看胡闹闹，又看看苏轼，开玩笑说："还不是因为这位苏大人是当大官的，有钱有势，不是我们这些穷苦文人能比的，请客当然要去他家了。"

"对了，"艾丽丝一直有个疑惑，"太白先生，您当年的好朋友，'诗圣'杜甫先生呢？"

"别提了！"李白叹了一声，"这个杜甫，在我后世的名气，只在我之上，不在我之下。不过，这个家伙总是很忙，咱们不管他了！"

第十二章

《苏东坡集》里的“豪放词”

艾丽丝、胡闹闹和高兴望着苏轼的背影，觉得这个老人散发出一股无声的力量。这种力量的源头是“知识”。

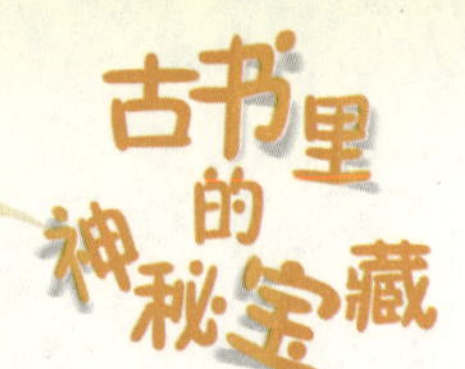
古书里的神秘宝藏

胡闹闹听到“吃”字，连忙抓着苏轼的手问：“苏爷爷，您家一定有很多好吃的吧，我知道‘东坡肉’很好吃！”

苏轼忙抽出自己的手，说：“‘东坡肉’可不是我的肉，哈哈。太白又拿我说笑，‘诗神’的称号还是归属陆游更妥当，而且叫我‘词圣’，那也是因为写诗的名人太多了，就像‘诗仙’的称号归你李太白，还有‘诗圣’杜甫、‘诗鬼’李贺、‘诗神’陆游、‘诗奴’贾岛、‘诗隐’王维、‘诗魔’白居易、‘诗豪’刘禹锡、‘诗囚’孟郊、‘诗虎’罗邺、‘诗瓢’唐求、‘诗杰’王勃、‘诗骨’陈子昂、‘诗狂’贺知章、‘诗家天子’王昌龄……我是攀比不上了。”

说话间，屋外走进两个人来，一个年纪稍大，一个年纪较轻，两个人朝众人拱了拱手，最后对苏轼说：“先生，三部书城的人已经陆续到了，请屈子、太白先生，还有三位小友一起过去吧。”

苏轼说声“好”，转回头对艾丽丝等人说：“这是我‘苏门四学士’当中的两位——黄庭坚、秦观。”说完就邀请屈原、李白一起动身。

众人陆续离开屈原的家。苏轼招呼艾丽丝、胡闹闹和高兴在自己身边，一边走一边讲：“有太白在这里，我的确不敢讲诗的知识，不过嘛，词倒是可以给你们讲讲。”

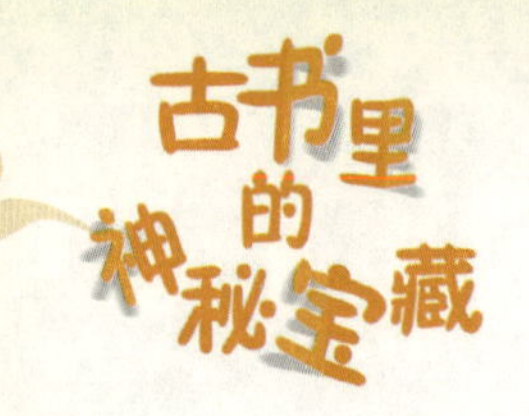

胡闹闹插话说："苏爷爷，先别着急给我们讲您的知识，我知道您当过大官，又有很大名气，还自创了很多菜肴。您的运气怎么那么好，这一辈子怎么过得那么舒坦啊？"

这一句话反倒戳中了苏轼的心事，苏轼叹了口气说："胡闹闹小友，你这么说就错了，很多艰辛苦楚你都看不到。我的父亲叫苏洵，早年养尊处优，到二十七岁才开始发奋用功，考中进士，学有所成。我还有个比我小两岁的弟弟，叫苏辙，后来做了宰相。我们父子三人号称'三苏'。

"我父亲为我取名'轼'，意思是马车的扶手，'轼'对于马车本身来说，并没有实质性的作用，但是缺了它马车又不完备，这个名字的寓意是希望我不要太过低调，也要张扬一些。冥冥之中自有天意，我的性格通达率真，门生故旧遍天下，喜好名山大川、美食珍茗，学通儒、道、释三家，然而仕途始终不显达，磕磕绊绊，还差点丧了命。"

胡闹闹惊奇地说："咦？您没当过大官吗？"

苏轼笑笑，说："没有我弟弟苏辙的官大。你说的'东坡肉'，是我仕途失意时候的'拙作'罢了。

"在我二十岁那年，就是宋仁宗嘉祐二年（1057年），我父亲带着我和弟弟，第一次离开蜀地，先顺江而下，然后北上，去开封应试。主持这次科考的考官是欧阳修，其他考官还有王珪、梅尧臣等。欧阳修是当时的文坛领袖，正在领导影响巨大的'古文运动'，王珪、梅尧臣都是著名文学家，也是这场诗文改造运动的干将。欧阳修对我考试中的文章大加赞赏，很欣赏我的不拘一格，他说，'此人可谓善读书，善用书，他日文章必独步天下'……"

艾丽丝、胡闹闹和高兴一起对着苏轼竖起了大拇哥，说："您真是太厉

害了！”

苏轼被三个孩子夸得不好意思，接着说：“从此，我的恩师欧阳修极力鼓励我、推荐我。后来，我的诗文作品，在京城开封迅速得到传播。我们父子三人‘三苏’的名号，从此打响。数年后，著名的‘王安石变法’拉开了序幕。一时间，我的很多亲朋好友，包括最为赏识我的恩师欧阳修在内，都因为与王安石政见不合，对变法持反对意见，而被迫离京……”

艾丽丝三人听得正入迷，却听得路上有人招呼苏轼。原来是三部书城的人陆续到了，屈原、李白和苏轼忙迎上前去。艾丽丝、胡闹闹和高兴一时无聊，

便拉住了黄庭坚和秦观，求他们继续讲苏轼的经历。

黄庭坚和秦观两个人都是好说话的人，并不拒绝。

秦观说："其实王安石的变法改革，给朝廷增加了收入，也是好事。可是变法派中有很多坏人，他们利用变法改革的机会，陷害他人，为自己谋利。我们老师东坡先生其实内心很高傲，他看不上这些口是心非的人，也批评过王安石变法改革的一些措施太剧烈，可能伤害老百姓的利益。

"偏偏'变法派'的王安石同样是个很倔强的人，两个人没办法达成一致。于是，在宋神宗熙宁四年（1071年），东坡先生就上书皇帝，指出了新法的一些弊病。王安石当然很愤怒，反过来指责东坡先生是反对变法的'保守派'。没有办法，我们老师只得请求离开京城，去地方任职。"

听了秦观的讲述，黄庭坚叹了口气，说："可是'变法派'与'保守派'的矛盾斗争越来越激烈，在我老师四十三岁的时候，'变法派'借口我老师的诗文里有些牢骚的字句，污蔑我老师诽谤朝廷，心怀叵测。"

秦观愤然拍案，不觉提高了声调："老师被御史台的吏卒逮捕，押往开封，投入监狱，几次濒临被砍头的境地。这就是著名的'乌台诗案'，乌台就是御史台，因为北宋御史台种植柏树，终年栖息乌鸦，故称'乌台'。也叫'眉山诗案'。"

艾丽丝紧张地问："啊，苏大人竟然还有过这种惊险经历？！"

黄庭坚接着说："'变法派'们想借着'乌台诗案'，彻底清除'保守派'，为自己争取足够的政治利益。所以他们一定要把东坡先生的罪状落实，非要置他于死地不可。幸好最后东坡先生只是被贬官。"

艾丽丝、胡闹闹和高兴仿佛在听评书，身临其境，为东坡先生鸣不平。艾

丽丝嘟囔着说："我都知道'伴君如伴虎'，苏大人还是游山玩水的好。"

黄庭坚笑笑，对秦观说："少游你觉得东坡先生是那种人吗？"

秦观笑而不答，对艾丽丝说："东坡先生被贬官后，郁郁寡欢，心情郁闷的时候，就到黄州城外的赤壁山游览，写下了《赤壁赋》《后赤壁赋》和《念奴娇·赤壁怀古》等名作，通过文学创作来排解他的思想感情。而且他还参加劳动，带领家人开垦城东的一块坡地，种田补贴家用，'东坡居士'的别号就是在这时起的……"

艾丽丝、胡闹闹和高兴望着苏轼的背影，觉得这个老人散发出一股无声的力量。不只是苏轼，屈原、李白，乃至书世界的每个人，都有这种力量，这种力量的源头是"知识"。

想到这里，艾丽丝三两步抢到前面，拽住苏轼的手臂，撒娇地哀求："苏大人，您快给我们讲讲词的知识吧，一会儿到您家里了，肯定就没时间搭理我们了。"

苏轼这才想了起来，就对艾丽丝三人说："关于中国古代的文学体裁，有一个顺口溜，叫'诗经、先秦散文、楚辞、汉赋、唐诗、宋词、元曲、明清小说。''词'最初叫'曲词'或'曲子词'，别称'长短句'，是用来配乐的，用你们的话，就叫歌词。在汉代，这种形式的文学体裁，叫'乐府'。在唐代，西域新音乐传入中原，出现了大量新曲子，跟乐府的曲子不同，词就是与此配合的。不过后来词跟音乐分离了，逐渐向诗靠拢，当时有人把词称为'诗余'，意思是在写诗之余，填词消遣。"

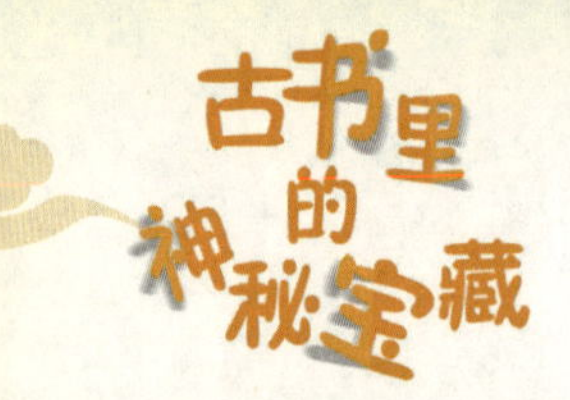

·知 识 锦 囊·

先秦散文、汉赋都是带韵的散文，散文与《诗经》的区别，不在于押韵，而在于散文没有配曲演奏。元曲包括杂剧和散曲，杂剧采用北方音韵、宫调，一般是四折，以关汉卿《窦娥冤》为代表作。

艾丽丝眼珠一转，呵呵地笑着说："我也会一首，我还会唱！"说完就仰着头唱了起来：

明月几时有，把酒问青天。
不知天上宫阙，今夕是何年？
我欲乘风归去，又恐琼楼玉宇，高处不胜寒。
起舞弄清影，何似在人间！

转朱阁，低绮户，照无眠。
不应有恨，何事长向别时圆？
人有悲欢离合，月有阴晴圆缺，此事古难全。
但愿人长久，千里共婵娟。

苏轼听着十分新鲜，捻须微笑，说："原来在你们的世界，这样唱我的《水调歌头·明月几时有》，哈哈。"

艾丽丝奇怪地问："苏大人，这首歌叫《明月几时有》，'水调歌头'是什么？"

苏轼说："词有词牌，也就是曲调。'水调歌头'就是词牌的名字，还有刚才的'念奴娇'。常用的词牌约一百个，词牌规定了全篇的字数、每句的平仄，一首词中，每句的字数不一，所以句子长短不一。"

艾丽丝恍然大悟，说："也就是说，您可以写'水调歌头'，我也可以写'水调歌头'，大家都可以写自己的'水调歌头'。"

胡闹闹出人意料地大声说："这个简单，看我来一首'水调歌头'：'饭菜几时有，把酒问主人。不知您家厨师，做好几道菜肴？'"

艾丽丝哈哈大笑，叫着说："你这两句没押韵，最后一句也多了一个字。"

胡闹闹吐吐舌头，众人一阵大笑。说笑间，一抬头，已经到了苏轼的家。只见院子、门口已经站满了经部、史部、子部、集部书城的人，纷纷跟屈原、李白、苏轼打招呼，苏轼忙叫大家进屋。

艾丽丝、胡闹闹和高兴刚要迈步，从院门里快步走出一个人，一把揽过三人，抓着他们的肩膀，带着哭腔说："原来你们在这里！"

艾丽丝、胡闹闹、高兴三个人，顿时愣住了。

尾声

通向“书世界”的密道——《四库全书总目提要》

艾丽丝叫了起来："颜老师！颜老师您来了！呜呜……"一句话没说完，艾丽丝的泪水夺眶而出。胡闹闹和高兴也激动地眼角含泪，说不出话来。

颜如玉站起身，给三个人擦擦眼泪，忙着安慰他们。

这时，孔子和一个人走出门来，见到艾丽丝三个人正抱着颜如玉哭，忍不住笑着说："三位小友，你们和颜使者久别重逢，应该快些商量打开通道的大事，哪里还有工夫伤神落泪啊？"

艾丽丝想起孔子说过，颜老师是沟通"书世界"和自己所在世界的使者，赶忙打起精神，拉着颜老师的手说起了自己的一路惊险。不过她太过激动，话说得断断续续，幸好有高兴和胡闹闹在旁边补充。

颜如玉听完了，长叹了一口气，她摸着三个人的头，说："此次误入'书世界'虽然惊险，但是你们学到了很多知识，也长大了，坚强了，会自己解决问题了。"

一句话说得艾丽丝又哭了起来。还是高兴最冷静，他问道："颜老师，我们已经掌握了十二部古书的知识，到底该怎么开启通道呢？"

"这个……"颜老师面露难色，回头望向孔子。

孔子说："颜使者，你放心吧。我们刚才在来的路上，已经讨论过了，虽

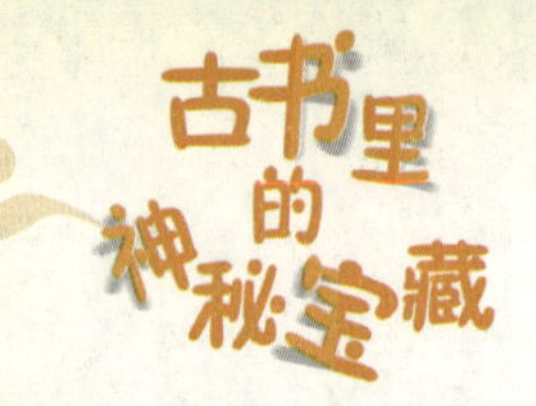

然这次是因为你的大意，打开了通道，不过，三位小友非但没有扰乱‘书世界’的秩序，还虚心好学，为战胜水妖、火魔出了力，因此，我们决定：开放通道，送他们回去。”

“太好了，可以回家了！”孩子们高兴得跳了起来。

颜如玉指着孔子身边的人，对艾丽丝三个人说：“这位就是纪昀纪晓岚大人，他就是掌管通道的人。”

艾丽丝、胡闹闹、高兴满脸期待地看着微胖的纪晓岚，紧张地问：“通道在哪里呢？您现在就能带我们去吗？”

纪晓岚仰天大笑，说：“不用走，通道就在这里！”说罢，双手一拍，手中呼地幻化出一本厚厚的书，封面上几个大字金光闪闪。三人凑近一看，赫然几个大字映入眼帘——四库全书总目提要。

纪晓岚介绍说：“清朝乾隆年间，搜罗天下书籍，编成一部中国古代最大的丛书《四库全书》。与此同时，从乾隆三十八年（1773年）开始，到乾隆四十六年（1781年）结束。由我担任总纂官，对收入《四库全书》的三千四百余种图书，还有只抄存卷目的六千七百余种图书，全部写出内容介绍，这就是《四库全书总目提要》，简称《四库提要》。

“《四库全书总目提要》是中国古代篇幅最大、收书最多图书目录，全书二百卷，共为一万零一百九十四种书籍写出内容介绍，基本囊括了清朝乾隆以前，哲学、史学、文学以及科学技术等各方面的重要文化典籍。全书分经、史、子、集四大类，大类下又分小类，小类下又分子目。每大类与小类前面均有小序，子目后面还有按语，简要说明此类著作的源流、分类以及收录理由。”

·知 识 锦 囊·

《四库全书》全书约8亿字，规模太大，无法印刷，手抄七部，分别收藏于北京紫禁城文渊阁、辽宁沈阳文溯阁、北京圆明园文源阁、河北承德文津阁、扬州文汇阁、镇江文宗阁和杭州文澜阁，现存四部（其中文澜阁本有残缺）。另外，《四库全书》不收录通俗小说，如《三国演义》《水浒传》等书，都不在其中。

“等一下，”艾丽丝打断纪晓岚的讲解，她盯着孔子问，“那么，也就是说，如果我一穿越到这里，就立刻来找纪晓岚大人的话，也是可以从《四库全书提要》中直接了解到十二部典籍的知识喽？那我为什么还要在四部书城跑这么一大圈啊？还去跟水妖、火魔打仗！”

孔子不看艾丽丝，小声说：“冒点险，才能把知识记得牢嘛……好了，晓岚，快开启通道吧。”

纪晓岚哗的一下翻开手中的《四库全书总目提要》，霎时金光迸射，一团巨大的光亮把艾丽丝、胡闹闹、高兴、颜如玉裹了起来。

艾丽丝只感觉被一阵强风包围，吹得她睁不开眼睛。她感觉身体呼地升上半空，身边景物倏地消失不见。艾丽丝紧紧闭着眼睛，风势越来越强，她感觉自己飞得越来越高、越来越快。艾丽丝又惊又怕，想喊却发不出声音，只听孔子在远处喊话：“艾丽丝小友，这一趟旅程让你受苦了，你回去以后，这里发生的一切都会从你的记忆中消失，唯独所获得的知识会永存，祝你一路顺风。”声音时断时续，恍惚间，艾丽丝失去了知觉。

……

阅览室的窗户被风吹开，暖洋洋的微风轻抚着艾丽丝的短发。她揉揉眼，醒了过来，只见高兴、胡闹闹也刚睁开眼睛。

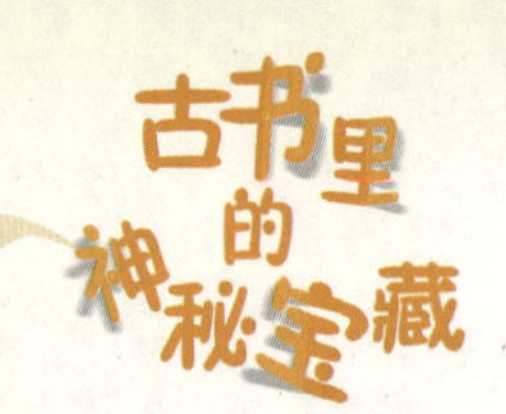

艾丽丝想：刚才怎么睡着了？浑身疼，这一觉好像做了很多梦，却又都想不起来了。

她甩甩头发，看看窗外，收回目光，又看看阅览室里一排排的书架，突然感觉自己对书架上的很多书都很熟悉，甚至知道书里的内容。

奇怪，我应该没看过这些书啊。

刹那间，艾丽丝觉得自己充满了力量，她知道，这股力量来自“知识”。